DESCRIPTIONS

DES ARTS

ET MÉTIERS.

DESCRIPTIONS
DES ARTS
ET MÉTIERS,

FAITES OU APPROUVÉES

PAR MESSIEURS

DE L'ACADÉMIE ROYALE
DES SCIENCES.

A*vec* F*igures en* T*aille-douce*.

A PARIS,

Chez { S*aillant* & N*yon*, rue S. Jean de Beauvais;
D*esaint*, rue du Foin Saint Jacques.

M. DCC. LXI.
Avec Approbation & Privilége du Roi.

ART
DE TRAVAILLER
LES CUIRS DORES
OU ARGENTÉS.

Par M. Fougeroux de Bondaroy.

M. DCC. LXII.

AVERTISSEMENT.

L'ACADÉMIE m'a remis des observations & des détails de M. de Réaumur sur l'Art que je donne aujourd'hui : ils étoient destinés à servir de matériaux à ce laborieux Physicien, pour exécuter le même travail que je me suis proposé de remplir.

Je me suis servi d'une Planche gravée en 1708, à laquelle j'ai été obligé de faire quelques changements & des additions. J'ai ajouté une seconde Planche pour faciliter l'intelligence du manuel de cet Art.

ART
DE TRAVAILLER
LES CUIRS DORÉS
OU ARGENTÉS.

Par M. Fougeroux de Bondaroy.

La Flandre, la Hollande & l'Angleterre passent pour avoir fourni les premieres *Tentures de cuir doré ou argenté* que l'on ait vues à Paris. Quelques-uns en attribuoient la premiere invention aux Espagnols; mais on ne sait sur quel fondement, puisqu'aujourd'hui on ne voit point en France de ces sortes de tapisseries qui soient sorties de leurs Manufactures, & qu'elles sont peu connues chez eux.

Les tentures de cuir doré qui nous viennent de Flandre, se fabriquent presque toutes à Lille, à Bruxelles, à Anvers & à Malines. Celles de cette derniere ville sont les plus recherchées de toutes. On en travaille à Venise de très-belles que nous cherchons à imiter; quelques manufactures s'étoient aussi établies à Lyon, & avoient eu du succès.

Ce n'est que depuis environ deux siecles, que ce commerce s'est répandu dans Paris. Nous le devons à quelques Ouvriers sortis de Flandre qui vinrent travailler dans cette Capitale, & s'y formerent des successeurs. Mais, soit préjugé & goût de la Nation pour tout ce qui vient de loin, on préféroit toujours les tentures sorties de Hollande ou de Flandre, quoique celles de nos Manufactures fussent aussi belles & aussi bonnes.

Quoique les nôtres pussent aller de pair avec celles de Hollande & de Flandre, elles ne pouvoient être vendues, à moins qu'on ne les fît passer comme ayant été faites dans l'une de ces deux Provinces, & elles étoient souvent livrées sous ce nom par nos Manufacturiers. Il faut avouer cependant que nos tentures n'ont jamais pu égaler en perfection certains cuirs dorés venus d'Angleterre, ainsi que ceux de Venise. Nous sommes forcés d'accorder la préférence à ces deux derniers qui l'emportent sur les nôtres par l'éclat, la beauté des desseins & leur durée. Peut-être ne manquoit-il à nos Ouvriers, pour les imiter parfaitement, que de nous connoître plus constants dans nos goûts, de voir détruits cet amour & cette préférence pour tout ce qui vient de l'Etranger, enfin d'être plus favorisés dans leur commerce.

Les tentures de cuir doré étoient autrefois très-recherchées. La commodité de ne point être endommagées autant que celles d'étoffes ou de laine, par l'humidité (1) & les insectes; de perdre très-peu de leur éclat avec le temps; de ne point prendre de poussiere, ou de laisser la liberté de l'ôter aisément en les lavant avec une éponge; enfin de se moins prêter à la multiplication des punaises qui désolent l'été cette capitale, & qui trouvent dans les autres tapisseries des retraites & des nids commodes pour y déposer leurs œufs; tous ces avantages formoient autant de raisons pour engager à les rechercher, & leur donnoient place dans les appartements des Grands, dont ces tapisseries faisoient souvent l'ornement. Mais aujourd'hui un autre goût & la mode qui commande & l'emporte même sur les avantages & les commodités de la vie, les ont fait presque oublier, & les ont reléguées dans les anti-chambres de quelques maisons de campagne, où l'on en trouve quelquefois des premieres faites, qui sont encore presqu'aussi belles qu'elles étoient dans le temps que l'on commençoit à Paris de les fabriquer (2).

C'est aujourd'hui que cet Art est moins en vogue, que nous croyons à propos d'en donner au public la description. C'est répondre aux intentions de l'Académie, de ne rien laisser perdre de ce qui peut être utile aux Arts, ou le devenir par la suite. Savons-nous si nous ne sommes pas prêts à rappeller les anciennes modes, n'en pouvant plus changer? Cet Art pourroit être du nombre de ceux qui reprendront faveur. Au moins jugera-t-on avec nous que quelques procédés employés dans celui-ci méritoient d'être décrits, & pourroient avoir leur application dans quelques autres Arts, ou servir à les perfectionner.

Les tentures de cuirs sont faites de plusieurs peaux de veau, de chevre ou de mouton, qui semblent dorées, qui sont argentées, relevées en bosses & cousues ensemble. Celles que l'on destine à ces sortes d'ouvrages, ont reçu le premier apprêt des Tanneurs ou des Peaussiers; les *Peintres-Doreurs en cuir* les achetent d'eux. Nous ne parlerons pas de cette premiere préparation des cuirs: elle tient à un Art particulier que l'Académie se propose de donner

(1) Entre plusieurs faits de cette nature, nous choisirons celui-ci que nous donnerons pour preuve de ce que nous avançons. Une tenture de cuirs dorés en place depuis 60 ans, ayant été exposée pendant du temps au château d'Arisat, à une humidité assez grande pour endommager & pourrir tous les autres meubles, est restée, ainsi qu'un tapis de Turquie, aussi belle que si elle sortoit des mains de l'Ouvrier. Cette tenture est encore aujourd'hui chez M. l'ancien Lieutenant-Général de Castres.

(2) On connoît plusieurs tentures de cuirs dorés de 100 & 130 ans, qui sont encore très-fraîches & très-belles.

avec le temps. Nous dirons seulement que ces peaux ont été passées *en basane*; qu'elles ont séjourné dans le *tan*; mais que celles-ci qui doivent être travaillées en cuir doré, exigeroient de la part des Tanneurs des soins qu'ils leur refusent depuis long-temps, de sorte que les Peintres attachés à faire de beaux ouvrages, se plaignent souvent des peaux qu'ils achetent, & rejettent sur le peu d'attention des *Tanneurs* les défauts que l'on voit dans les tapisseries, auxquels ils ne sont pas maîtres de remédier, & dont il faudroit uniquement rendre les Tanneurs responsables.

Le prix des peaux est fort sujet à varier. Autrefois la douzaine de peaux ne valoit que quatre livres. Elle a coûté depuis 5, 6, 8, & jusqu'à 18 liv. mais le prix commun qui est de 10, 12 à 15 liv. en établit déja un assez considérable à ce qui forme le fond de ces sortes de tapisseries.

On n'emploie communément à Paris que les peaux de mouton. Celles de veau & de chevre seroient cependant meilleures. Nous prouverons par la suite que les tapisseries que l'on en formeroit, seroient plus belles & plus durables; mais comme elles seroient plus cheres, c'est une raison d'exclusion pour l'Ouvrier qui ne travaille qu'à tirer le plus de profit qu'il lui est possible; ce dont nous ne pouvons pas lui faire de reproche, puisque nous ne voudrions pas lui payer le surplus de cette dépense (1).

On verra par la description de cet Art que nous allons donner, que pour fabriquer ces especes de tentures, les Ouvriers emploient des cuirs qui en font le prix, & plusieurs autres matieres coûteuses; que leur Fabrique exige des outils & ustensiles; enfin qu'elles occupent plusieurs Ouvriers qui y emploient un temps assez considérable. Ces frais d'une Manufacture doivent être payés par la vente des tapisseries qui s'y fabriquent; mais aujourd'hui que l'on ne se regle plus sur la durée d'une marchandise pour en faire cas, & que l'on préfere celle qui peut être livrée à un prix modique, l'on a donné, comme nous l'avons dit, l'exclusion à ces tapisseries, quoique souvent fort belles & de longue durée, pour s'attacher à des étoffes qui n'ont pas les mêmes avantages; & maintenant on ne connoît plus à Paris que deux ou trois Maîtres qui s'occupent au travail de ces sortes de tapisseries.

Nous pouvons citer au nombre de ceux-ci le sieur Delfosse, Peintre, qui est célebre dans ce genre, chez qui nous avons vu travailler, & qui nous a paru desirer se prêter à tous les moyens qui pourroient tendre à perfectionner son art: mais malheureusement ce qui conduit à la perfection d'un ouvrage, entraîne presque toujours beaucoup de temps & de dépense; & quand on ne veut payer ni la beauté ni la durée, il faut ne s'attacher qu'à rendre le travail plus expéditif, sans chercher ce qui conduiroit l'art à sa perfection.

---

(1) Les peaux de chevres sont plus cheres, parce qu'on les réserve pour les passer en *chamois*; elles approchent le plus de la qualité des peaux de cet animal.

ART DE TRAVAILLER

Nous avons dit que les Ouvriers employés à ces fortes d'ouvrages, étoient de la Communauté des Peintres. On auroit pu croire qu'ils étoient du ressort des Maîtres Tapissiers. Ce qui paroît plus singulier, c'est que ce sont aussi les Peintres qui travaillent ces sortes de tapisseries que l'on fabrique avec des *tontisses* de drap ou d'étoffe, auxquelles on fait prendre différents desseins, que l'on vend à un prix modique, qui leur a donné la vogue, & qui ont fait tomber en partie les tapisseries de cuir dont nous parlons.

Il faut aux Peintres qui font travailler à ces sortes de tentures, des outils que nous ferons connoître à mesure que nous en aurons besoin, en donnant la description de ce travail. Il convient encore qu'ils aient un logement couvert assez spacieux, & un jardin ou une cour assez grande pour mettre sécher les tapisseries ou les peaux qui doivent servir à les former, à mesure qu'elles ont reçu une nouvelle préparation.

§. I. *Travail des Cuirs dorés ou argentés.*

LES peaux sont seches lorsque l'Ouvrier les achete. Elles ne sont pas alors aussi flexibles, aussi maniables qu'il est nécessaire. Avant de les mettre en œuvre, on commence par les *ramollir*. On les jette dans un tonneau ou dans une cuve pleine d'eau: on les y laisse tremper quelques heures, & on les y remue plusieurs fois & à différents temps avec un bâton, (*Pl.* 1, *fig.* 1.).

On les retire ensuite; & pour les rendre encore plus *douces*, on les *corroie*, pour ainsi dire, mais d'une façon fort grossiere. Un Ouvrier (*fig.* 2.) prend une peau par un coin: il la frappe sur une pierre plusieurs fois, & répete cette même manœuvre, en prenant successivement la peau par chacun de ses quatre coins. Il en fait autant à toutes celles qui ont trempé dans la cuve. Cette préparation qui s'exécute très-promptement & très-facilement, s'appelle *battre les peaux*; quand elle est achevée, l'Ouvrier détire ses peaux. *Détirer les cuirs*, c'est rendre les surfaces des peaux les plus unies qu'il est possible. Pour cela il y a dans l'endroit où l'Ouvrier détire, une grande pierre placée sur une table. Il étend (*fig.* 3.) une peau sur cette pierre; &, pour effacer tous ses plis, toutes ses rides, il se sert d'un outil auquel on ne donne d'autre nom que celui de *fer à détirer*. C'est une espece de couperet X (*Pl.* II.) formé d'une lame de fer, large de 5 à 6 pouces, & haute de 3 ou 4. Cette lame entre dans un morceau de bois équarri & arrondi sur sa surface supérieure qui lui sert de manche. La lame est retenue dans le manche par plusieurs clous qui le traversent: elle est un peu convexe dans sa partie inférieure. L'Ouvrier tient de ses deux mains le fer à détirer: il le presse & l'appuie sur le cuir en tenant la lame dans une position inclinée. On ne cherche pas à rendre la lame tranchante: l'Ouvrier ne se propose pas de couper la peau avec cet outil; il ne veut que l'*étendre*.

C'est

LES CUIRS DORÉS.

C'est le profit du Maître, & il a grand soin que l'Ouvrier y réponde, d'étendre beaucoup la peau ou de la bien détirer. Le cuir ainsi détiré acquerra plus de surface & par conséquent fera un plus grand morceau de tapisserie. A mesure qu'une peau est arrangée, on la pose sur celles qui le sont déja. On en met ainsi plusieurs dont on forme de petits tas *A* (*Pl. I*), jusqu'à ce que l'on veuille achever de les préparer.

Quand on regarde une tenture de cuir doré ou argenté en place, on s'apperçoit, sans y prêter beaucoup d'attention, qu'elle est composée de plusieurs morceaux de grandeur égale, de figure quarrée, ou plutôt un peu oblongue. Chacun des carreaux (¹) est fait d'une peau large ordinairement de 23 pouces sur 16. Ces dimensions ne sont cependant pas toujours les mêmes. Les carreaux ont quelquefois 28 à 30 pouces sur 24. On en fabrique qui ont l'aune; mais ils sont formés de plusieurs peaux collées.

Pour donner une forme régulière aux peaux, il est question de couper en ligne droite les côtés des peaux détirées, & l'on se sert pour cela d'une regle ou d'une équerre; ou on applique sur la peau une planche ou un chassis (2, 2, *Pl. II*) de la même grandeur de la *planche à graver* (1, 1) dont nous verrons l'usage; ou enfin on place le carreau sur une table sur laquelle les dimensions de la planche gravée sont marquées. On a des planches gravées qui portent différentes dimensions, & autant qu'on le peut, la peau que l'on choisit, n'est pas plus grande que la planche: souvent même il se trouve des échancrures qui rentrent en dedans des dimensions requises. Si en dressant les bords de la peau, on en retranchoit tout ce qui les empêche de former des lignes droites, on la diminueroit trop. On se contente seulement (*Pl. II, fig.* 4) de la tailler, autant qu'il est possible, de la grandeur de la planche gravée.

Il ne s'agit plus ensuite que de garnir avec des pieces les endroits qui ne se rencontrent pas dans l'alignement. La peau se trouve aussi quelquefois défectueuse; en d'autres endroits elle est trouée, & exige des pieces. Pour réparer ces défauts, avant d'appliquer ces pieces, on diminue la moitié de l'épaisseur de la peau, ou l'on taille en bizeau le contour des endroits sur lesquels les pieces doivent être posées. En terme d'Ouvrier, on *escarne la peau* (²) : on escarne aussi le bord des pieces. Ces opérations n'exigent pas une grande adresse de la part de l'Ouvrier. Il est debout (*Pl. II, fig.* 6) devant une table sur laquelle il y a une pierre B, dont la surface supérieure est quarrée & unie. Sur cette pierre, il met la peau qu'il escarne; &, pour la diminuer d'épaisseur, il se sert d'un vrai couteau C fort tran-

---

(¹) Les Ouvriers nomment toujours ainsi la peau ou le cuir destiné à être argenté & travaillé en tenture.

(²) Il ne faut pas entendre par ce terme *enlever la chair*; il s'écriroit différemment: mais plutôt *abattre la carne*. Voyez l'*Expl. des Termes*.

CUIRS.   B

chant, appellé *Couteau à escarner*. Ce couteau est formé d'une lame longue de neuf pouces, & qui a quatre pouces dans sa partie la plus large. Cette lame est emmanchée dans un rouleau de bois qui rend le couteau aisé à manier. La lame est un peu convexe vers la pointe. L'Ouvrier escarne la peau du côté où elle portoit sur la chair de l'animal : au contraire il diminue l'épaisseur des bords de la piece du côté de la fleur, c'est-à-dire, du côté où le poil étoit attaché, parce que la piece doit être placée en dessous de la peau du côté qui ne sera pas apparent. On se propose, comme on le sent bien, en taillant les bords en bizeau, soit des pieces, soit des endroits sur lesquels elles doivent être appliquées, de faire ensorte que la partie racommodée soit aussi mince que les autres, & que l'on ne voie point d'éminence qui la fasse distinguer.

Pour escarner les pieces, on se sert ordinairement d'un couteau un peu plus grand que celui dont nous venons de donner les dimensions ; & on le nomme *Couteau aux pieces*. Sa lame a dix pouces de long, & deux pouces dans sa partie la plus large.

On ne colloit autrefois les pieces que lorsque la peau étoit presque seche ; & cela parce qu'on se servoit de colle de farine qui n'auroit pas pris sur la peau humide. A présent on les colle sur champ : aussi emploie-t-on une colle sur laquelle l'humidité a moins de prise. Elle est composée de bonne colle de parchemin : on la fait bouillir jusqu'à ce qu'elle ait pris assez de consistance, & que les rognures de parchemin qu'on emploie soient dissoutes. On juge qu'elle est parvenue à ce degré en en retirant une goutte qu'on laisse figer. Quand la colle est bien préparée, on s'en sert pour coller les pieces.

La façon de les retenir à l'aide de la colle est trop aisée à imaginer pour exiger un plus ample détail. Il nous suffira de dire qu'on fait son possible pour les coller proprement, & pour que le lieu où on les met soit uni, & ne forme point de rides.

Les pieces étant collées, il s'agit ensuite d'argenter les peaux. Car, soit qu'on les destine à former des tentures de cuir argenté ou de cuir doré, il faut toujours commencer par les argenter.

La préparation des cuirs dorés ne differe des autres qu'en ce qu'on leur met un vernis qui donne à l'argent une couleur approchante de celle de l'or. Nous décrirons ce vernis & la façon de l'appliquer, quand nous aurons donné les préparations communes aux tapisseries argentées ou dorées.

§. II. *Comment on argente les Carreaux.*

Pour retenir les feuilles d'argent qui doivent argenter les carreaux, l'Ouvrier enduit le cuir d'une colle ; & cette préparation se nomme *Encollage*. La colle équivaut ici au mordant des Doreurs : celle dont on se sert pour encoller les peaux, est celle dont nous avons donné la préparation en parlant des moyens employés pour mettre des pieces aux peaux percées. Elle est seulement plus épaisse, & on lui donne ici la consistance d'une gelée, en la laissant plus de temps sur le feu.

Pour encoller une peau ou un carreau, il faut un morceau de colle de la grosseur d'une noix. L'Ouvrier ne l'étend pas tout à la fois ; il le coupe en deux. Avec une partie de cette colle, il frotte toute la peau fort grossiérement. Ensuite il applique la paume de la main sur la surface de la peau sur laquelle il a étendu la colle ; &, en la frottant, il oblige cette colle à se répandre sur la peau plus également & plus uniment. L'Ouvrier prétend que la chaleur de la main contribue autant que le mouvement qu'il lui donne, à faire fondre la colle & à la rendre plus liquide. Quelque temps après il étend sur la même surface du carreau & d'une semblable maniere l'autre partie de la colle. On regarde comme nécessaire de laisser un intervalle de temps entre la premiere & la seconde mise de colle, pour que la premiere couche ait le temps de durcir, de prendre de la consistance avant d'appliquer la seconde. Quand l'ouvrage est en train, l'intervalle qui reste entre le temps où l'on applique la seconde couche, & celui où l'on a employé la premiere, est destiné à encoller un second carreau : ainsi le carreau qui est encollé en partie, reste pendant le temps qu'on acheve d'en encoller un autre ; après quoi on encolle le premier entiérement. Si on mettoit toute la colle à la fois, quoique cette couche soit assez mince, elle seroit encore trop épaisse pour sécher promptement : elle se dissoudroit, &, pour parler en terme d'Ouvrier, la feuille d'argent que l'on doit appliquer dessus, s'y *noyeroit* ou s'enfonceroit trop. Une partie de la colle s'éleveroit aussi sur la surface de l'argent, en passant par les intervalles qui sont entre les feuilles ; ce qui n'est plus à craindre lorsque la moitié de la colle a pris de la consistance.

On choisit toujours le côté de la peau où étoit le poil, ou le côté de la fleur, pour appliquer dessus la colle & les feuilles d'argent ; c'est le côté qui doit devenir apparent. Ce n'est pas sans raison qu'on lui donne la préférence. La peau est sur cette surface beaucoup plus unie, & d'un tissu plus serré que sur l'autre.

Ce carreau étant encollé pour la seconde fois, il ne reste plus qu'à y poser les feuilles d'argent. L'Ouvrier qui argente (*Pl. II*, *fig.* 7), est devant une grande table sur laquelle il étend deux peaux. Il les prend dans le temps qu'elles sont encore humides. Sur la même table, à la droite de l'Ouvrier, est un grand livre de papier gris rempli de feuilles d'argent (¹).

(¹) Le livre rempli de feuilles d'argent s'achete chez les Batteurs d'or. Les Ouvriers en cuir leur commandent des livrets qui contiennent 500 feuilles. Elles coûtent 10 à 12 l. le millier. Chaque feuille porte 3 pouces 5 lignes en quarré. Ces Ouvriers achetent souvent l'argent au gros, & ils préferent les feuilles les plus minces : le gros coûte,environ vingt-cinq sols : il faut ordinairement depuis quarante jusqu'à cinquante feuilles pour produire ce poids.

L'Ouvrier met le livre D fur une planche L qui porte à une de fes extrémités une cheville affez longue pour qu'étant appuyée fur cette cheville, elle prenne la pente qu'offre ordinairement les pupitres. Ils nomment cette planche l'*Agiau*. Le livre étant placé fur cette efpece de pupitre, il en tire les feuilles d'argent qu'il contient pour les appliquer fur la peau, comme nous allons le décrire.

Il prend une à une les feuilles d'argent renfermées dans le livre D avec une pince E formée par deux petites tringles de bois retenues enfemble par une de leurs extrémités, & collées fur une petite piece de bois taillée en triangle, deftinée feulement à éloigner l'une de l'autre les deux autres extrémités des deux triangles, & leur faire fervir de reffort en appuyant deffus avec les doigts pour leur faire faifir la feuille d'argent. Cette pince, ainfi que les moyens de s'en fervir & de manier les feuilles d'argent, font employés par les Batteurs d'or, comme on pourra le voir dans la defcription de cet Art. De ce côté de la réunion des triangles qui forment la pince, elle porte une efpece de houppe E ou de pinceau de figure affez irréguliere, faite de poil de fouine ou de renard, ou de tout autre poil fin. L'Ouvrier fe fert de cette pince pour faifir la feuille d'argent. Chaque feuillet du livre contient fix feuilles. Il en prend une dans le livre, & la pofe fur un morceau de carton plus grand que la feuille d'argent, & de figure à peu-près quarrée, à laquelle on n'a donné d'autre façon que d'avoir abattu deux angles d'un de fes côtés, de celui qui doit fe placer dans la main de l'Ouvrier. Cette feuille de carton fe nomme *Palette*. Il prend la palette F de la main gauche; & quand la feuille d'argent eft une fois placée fur la palette, l'Ouvrier la fait tomber fur la peau en l'étendant le plus qu'il peut, & faifant enforte de mettre fes côtés parallelement à ceux du carreau. S'il arrive cependant qu'une partie de feuille fe chiffonne ou s'étende mal, il la redreffe, la leve quelquefois avec fa pince, la remet en place, & la frotte légérement avec l'efpece de pinceau qui eft au bout de la pince. Mais pour l'ordinaire, l'Ouvrier fait feulement tomber la feuille toute étendue fur la furface de la peau, fans la toucher ou la preffer, fi ce n'eft dans le temps où nous en allons parler. Auprès de cette feuille, il en couche une nouvelle dans le même rang. Ce rang étant rempli, il en met un nouveau, & continue ainfi d'en ajouter jufqu'à ce que la furface du carreau foit entiérement cachée par les feuilles. Cet ouvrage fe fait très-aifément & affez promptement, parce que l'on applique les feuilles coupées quarrément fur une furface plane qui eft auffi rectangle.

Pour faire cet ouvrage, celui qui argente, doit fe mettre dans un endroit à l'abri d'un vent paffant; car il ne faut qu'un fouffle pour enlever les feuilles minces d'argent, les chiffonner & les gâter, au point d'exiger beaucoup de temps pour les redreffer, ou les perdre entiérement. L'Ouvrier a une

certaine

certaine adreſſe pour les rétablir quand une partie de la feuille ſe releve, ou quand elle ſe chiffonne. Il ſouffle un peu ſur la feuille chiffonnée, ou bien il abaiſſe la main, & contraint la feuille, par le vent qu'elle occaſionne, à reprendre la forme plane, & à s'appliquer comme auparavant ſur le feuillet du livre.

Le carreau ou la peau étant donc couverte de feuilles d'argent, l'Ouvrier prend une queue de renard G, dont il fait un tampon H, & ſe ſert de ce tampon pour *étoupper* les feuilles: ce qu'il fait en les preſſant, & leur donnant pluſieurs petits coups: il les oblige ainſi à prendre ſur la colle, & à s'appliquer exactement ſur les eſpaces qu'elles recouvrent.

Il frotte enſuite légérement, avec la même queue de renard, le carreau de tous côtés, ſans le frapper. Ce frottement ſe fait à deſſein d'enlever l'argent qui n'eſt pas collé, & qui eſt de trop. Il en reſte toujours de petites parties au bord des feuilles qui ſe trouvent dans ce cas. Une feuille recouvre ſouvent ſa voiſine; & tout ce qui croiſe ſur d'autres feuilles, ne trouvant point de colle qui l'arrête, eſt enlevé par le frottement de la queue de renard. Ces parties ainſi détachées, ne deviennent pas abſolument inutiles: pluſieurs ſervent à remplir les vuides qui ſe trouvent entre d'autres feuilles. Cette eſpece de pinceau en paſſant ſur tout le carreau, porte les feuilles qui ſe détachent ſur d'autres endroits où la colle les retient. Le ſurplus qui ne ſerviroit à rien, eſt pouſſé par l'Ouvrier vers un des bouts de la table où l'on a ajuſté une eſpece de poche ou de ſac de toile, dont l'ouverture eſt tournée vers le deſſus de la table, ou ſeulement ſur un linge qui eſt deſtiné à les recevoir.

Dans une des chambres où l'on travaille, il y a pluſieurs cordes attachées aux deux murs oppoſés; on met les carreaux ſécher ſur ces cordes après qu'ils ont été argentés. La ſurface argentée eſt placée en deſſus de la corde, afin que celle-là ſoit plus expoſée à l'air: les cordes ſont aſſez élevées pour que les peaux n'embarraſſent pas les Ouvriers qui paſſent deſſous. Pour les placer ſur les cordes, on ſe ſert d'un uſtenſile M (Pl. II,) qu'ils appellent *Croix*; il eſt compoſé d'un long bâton à l'un des bouts duquel eſt engagée une traverſe horiſontale plus longue que ne l'eſt une peau. La peau argentée ſe met (Pl. I, fig. 5) ſur la traverſe. On l'éleve facilement ſur la corde, & on l'y met pour ſécher. On y laiſſe les carreaux plus ou moins de temps, ſelon que l'air eſt plus ou moins ſec, & plus ou moins chaud. En été, il ſuffit qu'ils y reſtent quatre à cinq heures: ceux qui ont été argentés le ſoir, y paſſent la nuit; & ceux qui ont été argentés le matin, en ſont retirés après midi: en hiver, ils y demeurent plus long-temps.

On n'attend pas néanmoins à les en ôter qu'ils ſoient entiérement ſecs: pour achever de les faire ſécher, on les porte dans quelques jardins, où on les expoſe au grand air & à la chaleur du ſoleil; mais auparavant on attache chaque carreau sur une ou deux planches jointes ensemble, & on l'y retient bien étendue avec plusieurs clous. Cette précaution sert à les empêcher de revenir sur elles-mêmes, ou, en termes d'Ouvrier, de se *racornir* en séchant. Leur surface qui est argentée, est en dessous; c'est celle qui est appliquée sur la planche. La seule raison qui engage à mettre la surface argentée en dessous, est pour empêcher les ordures qui pourroient tomber sur la colle qui n'est pas encore seche, de s'y arrêter & de nuire à l'opération de les *brunir*, dont nous allons parler. C'est encore de la chaleur & de la sécheresse de l'air, que dépend le temps qu'on doit laisser ces peaux clouées. L'habitude apprend à choisir un certain degré où les peaux conservent une mollesse sans être humides. En été, ce terme arrive au bout de quelques heures. Les peaux sont alors en état d'être *brunies*.

Il est ici question, comme chez tous les Doreurs, de donner un œil plus brillant à l'argent, de le polir. Le *brunissoir* dont se servent les Ouvriers, est un caillou I (*Pl. II.*) dont la figure varie, & qui est monté différemment suivant sa forme. Tout caillou sera propre à cet usage, pourvû qu'il se trouve avoir une surface unie. Souvent sa forme est cylindrique; un de ses bouts est terminé par une surface unie & circulaire d'un pouce & demi de diametre ou environ. Cette surface circulaire est employée à brunir; aussi doit-elle être extrêmement polie. Les Ouvriers appellent le brunissoir un *Brunis* : nous lui conserverons cependant le nom de *Brunissoir*.

Ce caillou est enchâssé au milieu d'un morceau de bois K d'un pied de long; l'une & l'autre partie de ce morceau de bois sert de manche au brunissoir: l'Ouvrier (*fig. 8*) prend de l'une & l'autre main le brunissoir par chacune de ses extrémités qui sont un peu arrondies; car, comme nous l'avons fait entendre, on a laissé seulement au morceau de bois plus d'épaisseur vers son milieu qu'ailleurs, afin de pouvoir y percer le trou un peu profond dans lequel le caillou doit être enchâssé d'une maniere stable.

Tout l'art que demande la façon de brunir l'argent, se réduit à frotter fortement le caillou sur les feuilles qu'on a collées; & c'est afin d'avoir plus de force, que l'Ouvrier tient le brunissoir de ses deux mains. Son intention doit consister à appuyer davantage & plus long-temps sur les endroits qui semblent ternes, & généralement à les brunir tous.

L'Ouvrier, pour travailler commodément, a ici, comme quand il escarne, une pierre R placée sur une table de hauteur ordinaire. Il ôte la peau argentée de dessus la planche où nous avons dit qu'il l'avoit clouée pour l'y laisser sécher & l'empêcher de se racornir. Il la met sur la pierre, l'étend dessus; & se tenant debout devant la table, il passe avec force & plusieurs fois le brunissoir sur chaque partie de la peau, & lui donne ce brillant que l'on recherche.

Il nous a paru que les Brunisseurs s'épargneroient beaucoup de peine,

& qu'ils travailleroient avec plus de fuccès, s'ils vouloient faire ufage d'un reffort tel que l'emploient ceux qui poliffent les glaces, ou ceux qui fabriquent les cartes & qui les liffent. Ce reffort ne confifte (comme on fait) qu'en un bâton & (Pl. II) courbe & fort, dont une extrémité eft attachée au plancher, & dont l'autre porte le bruniffoir. L'Ouvrier feroit appuyer le bruniffoir avec force fur la peau, & la prefferoit plus vivement que ne le peut faire celui qui brunit les feuilles d'argent, en ne fe fervant que des moyens que nous venons de décrire, & qui le fatiguent beaucoup. Il ne lui refteroit d'autre peine, en employant la nouvelle façon que nous indiquons, que celle de faire glifter le bruniffoir : le bâton qui forme un reffort, le déchargeroit de celle de l'appuyer fur la peau.

Nous avons fait part de cette idee à un Artifte entendu, qui n'a pas paru la rejetter entiérement. Mais, il nous a repréfenté qu'il étoit néceffaire d'appuyer plus en des endroits qu'en d'autres, & que la main, fans aucun fecours, paroiffoit plus propre à fatisfaire les vues & l'intention de l'Ouvrier.

Il prétend encore qu'il n'y a point de peaux où il ne fe trouve quelque petit gravier entre la feuille d'argent & la peau, ce qui eft affez aifé à concevoir ; car le mordant (qui eft la colle dont nous avons parlé) avant de prendre un certain degré de confiftance, (telle précaution qu'on ait pu prendre pour l'en garantir,) retient pendant ce temps toutes les ordures qui volent & tombent deffus. L'Ouvrier qui brunit, n'appuyant pas de toute fa force, fent ces petits graviers, & les retire avant qu'ils aient rayé l'ouvrage. Si l'on fe fervoit du reffort, l'Ouvrier, fuivant l'Artifte à qui nous communiquions ce petit changement, ne s'appercevroit pas auffi bien de ces graviers ; il ne le verroit que par le tort qu'ils auroient fait, c'eft-à-dire, lorfque la piece feroit gâtée fans remede. Nous laiffons aux Maîtres, & aux effais qu'ils en pourroient faire, à juger fi, en faifant changer de place au carreau fous cette efpece de reffort, il ne feroit pas aifé de répondre à tout ce qu'on exige du bruniffoir ordinaire, & fi ce dernier moyen n'épargneroit pas beaucoup de peine & de fatigue aux Ouvriers.

On croit que dans quelques Manufactures étrangeres, on fait paffer les peaux argentées entre deux cylindres ; & il y a tout lieu de penfer que cette opération fait prendre aux feuilles d'argent un brillant plus recherché.

Plus la furface de la peau eft unie, ferme & ferrée, plus l'argent devient brillant après avoir été bruni. C'eft une des raifons qui fait préférer, pour former ces efpeces de tentures, les peaux de veau & de chevre, à celles de mouton que l'on emploie communément à Paris.

Les Ouvriers ne pourroient-ils pas fe fervir, comme les Doreurs fur bois, ceux qui font les cadres, les bordures, &c, d'une compofition équivalente à cette efpece de peinture ou d'*affiette*, que ces derniers mettent fur le bois avant de le dorer, pour donner de l'épaiffeur aux reliefs, & foutenir l'or & l'argent qu'ils appliquent deſſus? Les Ouvriers en cuir ne l'ont pas eſſayé. Sans doute il faudroit en chercher une différente de celle qu'employent les Doreurs ſur bois; mais je crois qu'un ſimple enduit ou un mordant plus épais, tel que celui que je propoſe, pourroit contribuer à la perfection de cet Art, & que ce ſeroit une choſe à tenter. Il faudroit qu'il fût aſſez flexible pour qu'en imprimant la peau (comme nous le dirons dans la ſuite) il ne ſe rompît pas en différents endroits. La peau ainſi chargée d'une nouvelle épaiſſeur, prendroit mieux la forme que l'on voudroit lui donner. Il ne ſeroit peut-être pas impoſſible de trouver quelque compoſition qui ſerviroit encore à augmenter le brillant de l'argent.

On pourroit auſſi rendre ces eſpeces de tapiſſeries plus belles & plus durables, en ſe ſervant de feuilles d'argent plus épaiſſes que celles que l'on a coutume d'employer. Ces feuilles deviendroient plus aiſées à bien brunir: mais au contraire, les Maîtres ne les trouvent jamais aſſez minces pour leur profit.

Pour avoir des tentures de cuir argenté, il ne s'agit plus que d'imprimer les carreaux après qu'ils ont été brunis. c'eſt-à-dire, qu'il faut les poſer ſur une planche de bois gravée en creux & en relief, & en faiſant paſſer le tout ſous une preſſe, communiquer au cuir le deſſein exécuté ſur cette planche. Mais ſi l'on veut faire des tapiſſeries de cuir doré, il faut leur donner encore auparavant une façon qui eſt une des plus jolies de cet Art. Elle doit prêter à l'argent une couleur aſſez ſemblable à celle de l'or pour s'y méprendre. C'eſt auſſi ce que les Ouvriers appellent *dorer*.

Comme on imprime preſque de la même maniere les cuirs argentés & les cuirs dorés, nous différerons à parler de l'impreſſion que l'on donne aux uns & aux autres, juſqu'à ce que nous ayons vu comment on dore.

Nous avons déja averti que c'eſt avec une eſpece de *vernis*, que l'on donne à l'argent une couleur approchante de celle de l'or. On pourroit ſans doute, pour faire des cuirs dorés, ſe ſervir de feuilles d'or au lieu de celles d'argent auxquelles on donne une couleur; mais pour lors ces tentures ſeroient d'un prix trop conſidérable (*). D'ailleurs, celles qui ſont faites avec des feuilles d'argent colorées, reſſemblent ſi parfaitement à l'or, qu'il faut une attention particuliere pour reconnoître qu'elles n'en ont que la couleur. Une grande partie des Maîtres font un ſecret de cette eſpece de vernis deſtiné à colorer les feuilles d'argent, & chacun prétend avoir un vernis particulier. La compoſition en eſt néanmoins aſſez ſimple; & s'il y a des difficultés à le former, elles ne peuvent ſe rencontrer que dans la cuiſſon.

(*) Chaque feuille d'or fin a deux pouces & demi ou trois pouces quatre lignes en quarré. Un millier de feuilles d'or mince comme celles d'argent, coûteroit 80 à 100 livres, & on n'en pourroit dorer tout au plus que huit carreaux. On voit que ces eſpeces de tapiſſeries deviendroient d'un prix trop conſidérable.

Nous

LES CUIRS DORÉS.

Nous allons décrire les moyens de le préparer, & les drogues dont il est composé (¹).

§. III. *Composition du Vernis avec lequel les Ouvriers dorent les feuilles d'argent appliquées sur les Peaux.*

« PRENEZ 4 liv. & demie d'arcanson ou colophane, une pareille quantité
» de résine ordinaire, deux livres & demie de sandaraque & deux livres
» d'aloës: mêlez ces quatre drogues ensemble, après avoir concassé celles
» qui sont en gros morceaux; & mettez-les dans un pot de terre sur un
» bon feu de charbon ».

Il est plus à propos que ce feu soit de charbon, parce qu'alors il fait peu de flamme, & qu'il est dangereux qu'elle n'entre dans le vaisseau, elle allumeroit aisément les drogues qu'il contient, qui sont très-combustibles. Pour prévenir cet accident & quelques autres dont nous parlerons dans la suite, le vaisseau doit être choisi assez grand pour que toutes ces drogues & celles que nous dirons tout à l'heure qu'il y faut ajouter, n'en remplissent pas plus de la moitié. Il est bon encore qu'il soit évasé par son ouverture, ou qu'il ait un rebord V qui jette la flamme en dehors. Ce sont de légeres précautions qu'il est toujours bon de prendre. Plusieurs cependant les négligent, & font leur vernis sur du feu de bois. Il faut encore redoubler pour lors d'attention pour que le feu n'y prenne pas.

« Faites fondre toutes les drogues dans cette espece de marmite, & remuez-
» les avec une spatule, afin qu'elles se mêlent, & qu'elles ne s'attachent point
» au fond. Lorsqu'elles seront bien fondues, versez sept pintes d'huile de lin
» dans le même vaisseau; & avec la spatule, mêlez-la avec les drogues.
» Faites cuire le tout en remuant de temps en temps, pour empêcher, autant
» qu'on le peut, une espece de marc qui se forme, & qui ne se mêle point
» avec l'huile, de s'attacher au fond du vaisseau. Quand votre vernis est cuit,
» passez-le à travers un linge ou une chausse ».

Une pareille quantité de vernis reste, suivant les Ouvriers, pour l'ordinaire 7 à 8 heures sur le feu avant d'être cuite : mais ce temps ne sauroit être regardé comme une regle précise. La cuisson est plutôt finie lorsqu'on fait un grand feu. Une regle plus sûre dont se servent les Ouvriers employés à faire le vernis, est de prendre quelques gouttes de cette liqueur avec la spatule, & de les poser sur une feuille d'argent étendue sur du cuir; ou bien ils prennent de ce vernis avec une cuiller d'argent, & appliquant le bout du doigt sur cette liqueur, l'Ouvrier examine si elle est cuite, comme on s'assure de la cuisson d'un sirop ; si elle file en se refroidissant, ou si en re-

---

(¹) J'ai trouvé cette recette dans les papiers de M. de Réaumur: elle m'a été d'autant plus utile qu'il ne me restoit qu'à la voir confirmée par l'aveu des Maîtres qui ne pouvoient plus m'en faire mystere. On peut y ajouter d'autant plus de confiance, que, l'ayant pratiquée, j'en ai obtenu un très-beau vernis, comme on le verra par la suite.

CUIRS.

tirant doucement son doigt, elle poisse & le retient un peu, c'est une marque qu'elle est à son degré, qui est assez celui où elle parvient à la consistance d'un sirop un peu épais.

Le vernis prend pour lors une couleur brune; &, ce qui est singulier, c'est qu'étendu sur l'argent, il devient transparent & offre un œil d'or. Si la couleur ne paroît pas assez foncée, on y remédie en mêlant de nouveau un peu d'aloës qui fournit au vernis cette couleur; mais il faut prendre garde de n'en pas mettre un gros morceau à la fois dans le vaisseau. Il pourroit faire élever la liqueur au-dessus de ses bords. Lorsque l'on en ajoute, il est bon de le jetter avec précaution, comme nous allons l'expliquer pour mettre les dernieres drogues. Si la couleur du vernis paroissoit au contraire trop foncée, on l'éclairciroit en y mêlant du sandaraque, qui n'est destiné qu'à donner ce qu'on appelle du *corps à la couleur*.

En une heure & demie de cuisson, j'ai fait d'aussi beau vernis que celui que nous venons de décrire, en ne prenant qu'un demi-septier d'huile, dans lequel j'ai fait fondre de la belle résine & de l'aloës, les choses diminuées dans la même proportion que l'huile.

Mon vernis étoit très-beau, & il ne s'est presque point formé de marc au fond du vase, parce que j'ai employé seulement une très belle *résine en larmes*, qui m'étoit venue du Canada, & que l'aloës avoit été choisi avec la même attention.

Le vernis étant presque cuit, pour l'amener à sa perfection, il faut encore y ajouter du *dessicatif*, c'est-à-dire, quelques drogues qui, sans altérer sa couleur, le rendent plus prompt à sécher. Celui qu'on emploie ordinairement, consiste à y mêler pour sept pintes d'huile, une demi-once de la plus belle *litharge*, & autant de *minium* ou *plomb rouge*. On les mêle grossièrement ensemble. Il faut encore ne les jetter dans le vaisseau que par petite quantité; & pour cela on se sert d'une cuiller, pour ne le poser dans le vernis qu'à différentes reprises. On retire la cuiller pour un instant, afin de laisser faire aux drogues une petite ébullition. Si on ne les y mettoit pas avec cette précaution, on courroit risque de faire élever le vernis au-dessus des bords du vase, & d'y mettre le feu. Malgré tous les soins & les attentions que nous indiquons ici, quelquefois (plus souvent quand on les néglige) cet accident arrive. Pour lors il faut jetter promptement des torchons mouillés sur le vaisseau pour éteindre la flamme. On remue pendant du temps toutes les drogues avec la spatule; & lorsque les trois dernières paroissent incorporées avec le vernis, on le retire de dessus le feu.

Il ne reste plus, pour finir entièrement le vernis, qu'à le passer au travers d'un gros linge ou par une chausse pour le séparer d'une espece de marc dont nous avons parlé, qui reste en partie attaché au fond & au bord du vase, & dont le reste nage en divers morceaux parmi le vernis.

LES CUIRS DORÉS.

On passe le vernis au sortir de dessus le fourneau. Je n'aurois pas besoin de recommander d'agir avec précaution pour ne se point brûler, si je ne savois par expérience qu'il ne faut qu'un accident, comme une ouverture au linge, pour n'en pas être à l'abri. Ceux qui se servent de chauffe, doivent en avoir plusieurs à côté d'eux, pour en substituer une autre à celle qui viendroit à manquer; & l'on doit faire grande attention qu'il n'en tombe pas sur les mains, sur le visage & sur les jambes; ces parties sensibles en seroient vivement endommagées. Le vernis ainsi préparé, se garde aussi long-temps que l'on veut sans s'altérer.

Avant de donner l'usage que l'on fait de ce vernis & la façon de l'appliquer sur les feuilles d'argent qui recouvrent les peaux que l'on veut dorer, on me permettra encore quelques réflexions sur cette espece de couleur, & sur les différentes parties qui entrent dans sa composition.

On a sans doute déja remarqué que la singularité de ce procédé consiste en ce que l'on se sert d'une simple liqueur brune pour produire avec le secours des feuilles d'argent brunies sur lesquelles on l'applique, une couleur semblable à celle de l'or; & que le problème consiste à dorer, sans employer aucune partie de ce métal précieux que l'on cherche à imiter.

Les feuilles d'argent (ou quelques autres matieres polies & luisantes) sont donc aussi nécessaires pour dorer les cuirs, que le vernis même que l'on applique dessus: car la couleur seule dont nous venons de donner la préparation, étendue sur la peau ou sur du bois, les coloreroit, mais ne leur donneroit pas la couleur propre à l'or. Il faut donc que la blancheur & le brillant des feuilles d'argent polies percent à travers la couleur du vernis; que par leur réunion elles produisent une troisieme couleur éclatante; & qu'enfin cette derniere emprunte celle de l'or.

Comme le vernis & le métal poli sur lequel on l'applique, concourent à produire cette belle couleur que l'on remarque sur les cuirs dorés, il doit se rencontrer des circonstances plus ou moins favorables à la réussite de ce que l'on attend de la réunion de ces deux matieres. Un vernis plus ou moins parfait, plus ou moins transparent, plus ou moins coloré, une couche de ce vernis mise sur les cuirs à une trop grande ou trop petite épaisseur, des feuilles plus ou moins blanches, bien ou mal brunies, doivent aussi donner une couleur plus ou moins belle.

Ces remarques faites par les Ouvriers doivent sans doute les conduire à mettre de la perfection dans leurs ouvrages. Ce sont les seuls guides que nous puissions leur donner. Des regles seroient inutiles ici, puisque diverses circonstances pourroient les faire varier. On devine aisément, par exemple, que l'épaisseur de la couche du vernis que l'on met sur les feuilles d'argent, doit changer, suivant le plus ou moins de consistance qu'on lui a donné dans la cuisson; mais que l'attention de l'Ouvrier doit toujours confifter à ne pas intercepter le brillant que doivent donner les feuilles d'argent.

Paffons maintenant à l'examen des différentes drogues qui compofent le vernis qu'emploient les Ouvriers.

D'après le procédé que j'ai fuivi pour former mon vernis, on peut être convaincu de la facilité qu'il y auroit à fimplifier la premiere recette que nous avons donnée.

1°. On pourroit ne point mettre, ou mettre beaucoup moins de réfine commune, & l'or n'en feroit que plus beau, fi on le remplaçoit par du fandaraque, en y ajoutant l'aloës qui feul produit la couleur dorée : mais la réfine ordinaire eft de toutes ces drogues celle qui coûte le moins ; & lorfqu'elle eft choifie bien claire & bien tranfparente, elle ne gâte rien, & augmente beaucoup le volume du vernis.

Les Maîtres, pour augmenter encore la quantité, & d'une façon qui ne fait (à ce qu'ils croient) que rendre la couleur plus belle, ramaffent les couleurs qui reftent dans leurs godets, foit de blanc ou de rouge, (& dont nous verrons dans un moment l'ufage), & ils les jettent dans le vaiffeau du vernis. Le rouge dont ils fe fervent, eft quelquefois de la *gomme-laque*.

Les Ouvriers prétendent qu'on pourroit faire entrer diverfes autres drogues beaucoup plus cheres, & qui donneroient auffi plus d'éclat & de tranfparence au vernis d'or; que la laque ordinaire, le carmin & plufieurs autres beaux rouges pourroient y être mis avec fuccès. De belles gommes y font un bon effet : elles le rendent plus propre à fécher promptement, fans être expofé à l'air ni au foleil. Auffi lorfqu'on veut peindre fur des tapifferies qui reftent en argent, des branchages d'or ou quelques autres figures, comme cela fe fait fouvent dans la chambre, on mêle de la gomme & de la *gomme-gutte* avec le *vernis d'or*; le vernis en devient, fuivant les Ouvriers, plus beau, & feche plus vite. On met chauffer fur un réchaut environ un demi-feptier de *vernis d'or*: & quand ce vernis commence à bouillir, on verfe dedans une once de gomme-gutte détrempée avec l'huile de térébenthine, & on retire le tout de deffus le feu, un inftant après avoir mêlé la gomme avec la couleur d'or.

2°. J'ai effayé de fubftituer de la gomme-gutte à l'aloës. Cette derniere m'a paru fe diffoudre moins bien dans l'huile, & fe mêler moins parfaitement avec la réfine. Le vernis que j'en ai obtenu, n'étoit pas fi tranfparent ni fi beau; il étoit jaune fans être doré. Mais peut-être la réuffite de cette expérience dépendroit-elle de quelques attentions qui ne fe feroient préfentées qu'en la réitérant plufieurs fois. D'ailleurs, fi, en fubftituant la gomme-gutte à l'aloës, l'ouvrage ne gagne pas en beauté, il eft inutile de travailler à employer la premiere gomme, parce que le prix de la gomme-gutte eft plus confidérable que celui de l'aloës.

Le

Le succin auquel on donne le nom d'*ambre*, mêlé avec le même vernis, y fait encore très-bien, lorsqu'on veut y mettre toute la perfection que les Maîtres cherchent rarement. En général, les résines les plus belles ne peuvent que faire de très-beau vernis ; mais je croirois qu'on nuit à sa qualité en y ajoutant des couleurs ou d'autres drogues qui ne se fondroient pas dans l'huile, & par conséquent, ou formeroient des *grumeaux*, ou deviendroient inutiles en restant avec le marc du vernis.

Il y a des Maîtres qui font leur vernis en très-grande quantité. Ils croient qu'il en devient plus beau, & qu'ils sont moins sujets à le manquer. Pour lors ils se servent d'une grande marmite de cuivre qui peut contenir cent ou cent cinquante livres de matiere ; & elle reste un jour & demi ou deux jours sur le feu. Ils sont obligés de conduire leur opération avec la plus grande attention. Suivant eux, un bâton qui donneroit de la fumée, & que l'on mettroit proche de la marmite de l'autre côté du feu, allumeroit les vapeurs qui s'éleveroient de dessus le vernis, & les enflammeroit. Quand cet accident arrive, ils prennent un couvercle de bois dont ils couvrent la marmite, & ils mettent par dessus des torchons mouillés qui étouffent le feu.

Plusieurs Maîtres ont encore une attention dont nous n'avons point parlé, & qui ne peut que concourir à la perfection du vernis. Tandis que les matieres, résines, &c, fondent, d'un autre côté l'on est occupé à *dégraisser* l'huile dont on doit se servir pour faire le vernis. Cette opération se réduit à jetter dans l'huile des morceaux de pain, des oignons, de l'ail, & à lui faire faire un bouillon. Ils retirent ensuite le pain & l'oignon, quand ils ont pris une couleur noire ; & ils se servent de cette huile pour jetter dans les différentes matieres fondues qui doivent former leur vernis. Ils prétendent que le vernis fait avec cette huile, seche plus promptement, & qu'il devient plus beau. Cette précaution est aussi employée avec succès par la plupart des Doreurs, pour dégraisser les huiles dont ils se servent pour former leur mordant.

Le vernis que l'on a laissé trop de temps sur le feu, & qui y est devenu trop épais, ne peut redevenir liquide qu'avec le secours de l'essence de térébenthine ; & nous avons averti que c'étoit un mauvais moyen, parce que ce dernier vernis s'écailloit aisément.

Nous cherchons presque toujours dans la fabrique des Arts, à rendre ce que nous voyons s'exécuter naturellement sous nos yeux. Imitateurs de la nature, nous la copions quand nous sommes assez heureux pour avoir saisis ses moyens. Ici c'est le procédé suivi dans l'Art des cuirs dorés, qui a conduit à reconnoître ceux de la nature. M. de Réaumur qui l'étudioit avec profit, étant instruit de la composition du vernis des cuirs dorés, a employé ses connoissances à expliquer (par une application ingénieuse) d'où dépendoit la couleur dorée qui se voit sur la dépouille de quelques *chrysalides*, & celle que l'on remarque fur l'écaille de certains poiſſons, &c. Ces animaux doivent, ſuivant M. de Réaumur, la richeſſe ou plutôt la beauté de leurs habillements à une couleur analogue aux vernis de nos cuirs, & à une ſeconde matiere luiſante qui équivaut aux feuilles d'argent des cuirs. Il faut ſans doute que ces deux matieres ſoient juſtement compenſées ſur les écailles de certains poiſſons, & principalement de ceux connus depuis quelque temps ſous le nom de *Poiſſons dorés* de la Chine, qui offrent les plus belles couleurs & la dorure la plus éclatante; il ſeroit à ſouhaiter que nos Ouvriers, dans la Fabrique des cuirs dorés, puſſent approcher de la beauté de ce vernis.

Maintenant que l'on eſt inſtruit de ce qui colore ſi bien les cuirs dorés, d'après ce que dit M. de Réaumur, & ſes obſervations ſur la belle couleur d'or que prennent certaines cryſalides, ne pourroit-on pas croire qu'il ſeroit poſſible de trouver une matiere ou même une liqueur qui équivalût à ce que produiſent les feuilles d'argent dans l'opération de dorer les cuirs? Un amalgame de mercure, des vernis ou de ſimples gommes ne pourroient-elles pas remplacer cette premiere matiere coûteuſe? Nous ne diſſimulons pas que pour que la matiere que l'on y ſuppléeroit, fût auſſi bonne que les feuilles d'argent dont on ſe ſert, il faudroit des conditions difficiles à eſpérer. L'expérience, ſeule guide dans les arts, pourroit indiquer ſi ces changements ſeroient avantageux: & comme nous croyons que dans la deſcription que nous en donnons, nous ne pouvons être trop réſervés à les indiquer, à moins que nous n'ayons des preuves réitérées & conſtantes d'une perfection nouvelle, ou d'une épargne ſur la matiere & ſur le temps à l'employer. Comme d'ailleurs le public ne jouiroit jamais de la deſcription d'un Art, s'il exigeoit de nous de ne la donner qu'avec les perfections qu'il pourroit acquérir, nous laiſſons à d'autres perſonnes, & ſur-tout aux Ouvriers à ſuivre des tentatives que nous ne faiſons qu'indiquer. C'eſt à eux à juger ſi, en ſubſtituant une autre matiere aux feuilles d'argent, leurs cuirs en ſeroient auſſi beaux, auſſi bons; & s'ils pourroient les donner à meilleur compte.

Voyons les moyens qu'emploient les Ouvriers pour appliquer ſur les cuirs le vernis dont nous venons de donner la compoſition.

§. IV. *Comment on dore les Cuirs.*

Les Ouvriers appellent *Or* le vernis ou la couleur dont nous venons de parler; & la façon de l'étendre ſur les feuilles d'argent, *Poſer l'or* ou *Dorer*.

Pour poſer l'or ſur les cuirs, on choiſit des jours ſereins où il y apparence qu'on jouira d'un beau ſoleil; on ne dore gueres l'hiver, ni par un temps couvert. On porte les carreaux brunis dans un jardin que les Ouvriers appellent l'*Attelier du Dorage*. C'eſt dans ce même jardin, où l'on a fait ſécher les peaux avant de les brunir. C'eſt auſſi ſur ces mêmes tables ou planches où elles étoient attachées alors, qu'on les cloue, avec cette feule différence que, dans cette opération, la furface argentée eft mife en deffus. Dix-huit ou vingt peaux différentes étant ainfi attachées fur des tables, deux ou trois ordinairement fur chaque table, on pofe toutes ces tables fur des tréteaux arrangés parallélement entr'eux, de façon que toutes les tables ou toutes les peaux foient placées les unes au bout des autres.

Tout étant ainfi difpofé, l'Ouvrier qui a la direction de ce travail, avant d'appliquer le vernis, paffe deffus le carreau un blanc d'œuf, & l'y laiffe fécher. Quelques Ouvriers fe difpenfent de cette opération, & croient qu'elle nuit à folidité de l'ouvrage : d'autres la regardent comme utile. Selon ces derniers, le blanc d'œuf recouvre les trous qui fe trouvent fouvent aux feuilles d'argent : il bouche les pores de la peau, & empêche le vernis de s'imbiber. Il s'écailleroit fi l'on mettoit une couche trop épaiffe.

Quand on emploie des feuilles d'argent un peu épaiffes, on n'a point à craindre que le vernis s'imbibe dans le cuir ; mais celles dont on fe fert communément font fouvent fi minces, qu'elles font percées d'une infinité d'ouvertures.

Le blanc d'œuf étant bien fec, l'Ouvrier qui dore, met devant lui fur la table le pot à l'or ou le pot au vernis. Cet or a à peu-près la confiftance d'un firop un peu épais. Il trempe les quatre doigts d'une main dans la liqueur, & s'en fert comme d'un pinceau pour appliquer le vernis fur la peau. Il les tient un peu écartés les uns des autres, & appuie leur extrémité près d'un des bords de la peau. Il fait décrire à chaque doigt une efpece d'*S* qui refte peinte par l'or. Il trempe enfuite de nouveau fes doigts dans le vernis, & décrit encore quatre autres lignes. Il continue cette manœuvre jufqu'à ce que le carreau foit rempli de lignes placées à peu-près à égale diftance les unes des autres.

Si, pour appliquer l'or, l'Ouvrier préfere fes doigts à tout autre uftenfile ; c'eft qu'outre l'avantage d'avoir fon pinceau toujours avec lui, il trouve que par ce moyen il pofe l'or plus uniformément ([1]). Il faut que les peaux foient également dorées ; celles qui le feroient davantage, feroient un mauvais effet. Employées en tentures, elles effaceroient l'éclat de celles qui le feroient moins ; & le deffein offriroit différentes nuances défagréables.

Après que l'or a été ainfi appliqué fur plufieurs peaux, le même Ouvrier ou plufieurs autres qui travaillent avec lui, l'étendent fur ces peaux. C'eft ce qu'ils nomment *emplâtrer*. Ils ne fe fervent encore que de leurs mains, pour emplâtrer. Chacun de ces Ouvriers (*Pl. I, fig.* 11) tient fa main étendue fur le deffus d'un carreau ; & la promenant fur toute fa furface,

---

([1]) Le pinceau réuffiroit fans doute auffi bien ; la commodité ou l'habitude leur font préférer les doigts ; la chaleur du Soleil fuffit pour faire fondre le vernis.

il étend également le vernis qui formoit auparavant différentes lignes courbes.

Le vernis ayant été diftribué auffi également qu'il eft poffible fur la furface de plufieurs peaux ; des Ouvriers s'occupent à battre celles qui ont été emplâtrées les premieres. Ainfi on laiffe environ un demi-quart d'heure d'intervalle entre l'une & l'autre de ces deux opérations. Dans la premiere, l'Ouvrier ne frottoit qu'avec une main la furface du carreau; dans cette derniere, il frappe avec les deux mains affez fortement en leur donnant de petits coups redoublés (*fig.* 12).

Les Ouvriers fe propofent d'obliger par-là le vernis à s'étendre plus également fur toute la furface du carreau, & de lui faire prendre, pour ainfi dire, corps avec les feuilles d'argent. Comme il étoit fluide, lorfqu'on a emplâtré, il a coulé dans les endroits les plus creux en plus grande quantité qu'ailleurs. L'inégalité des tables, celle des peaux ont formé quantité d'endroits plus profonds, & qui fe font par conféquent remplis de plus de liqueur que les autres. Les coups qu'on leur a donnés, ont obligé le vernis de les abandonner. L'Ouvrier a donc dû avoir attention de frapper, fur-tout dans les endroits où la liqueur s'eft trouvée en plus grande quantité. Il a frappé auffi fur les autres endroits. Enfin fes yeux ont dû fervir de guide à fes mains.

Auffi-tôt que les peaux ont été *battues* avec foin, on les arrange pour les faire fécher. Si l'on n'avoit pas befoin de tréteaux pour dorer de nouvelles feuilles, on pourroit les laiffer ainfi arrangées jufqu'à ce qu'elles fuffent feches : mais pour ne pas perdre de temps, on les retire de deffus les tréteaux, & on appuie chacune de fes planches où les peaux B font clouées, le long d'un mur, expofées au foleil ; tandis que le vernis de celle-ci feche, on remet des tables fur les tréteaux garnis de nouveaux carreaux, & les mêmes Ouvriers s'occupent à les dorer de la même façon qu'on a agi fur les précédents.

Selon que la chaleur du foleil eft plus ou moins forte, & que le vernis eft bien fait, les peaux fechent plus ou moins promptement. Dans les beaux jours, elles font feches au bout de quelques heures. Les Ouvriers croient que le vernis prend un œil plus brillant, quand il feche promptement. Ils reconnoiffent aifément ce point, en appliquant le doigt fur le vernis. Il eft fec fi le vernis ne colle point, & s'il ne colore point le doigt qui le touche : fi le contraire arrive, il faut encore laiffer le vernis quelque temps expofé au foleil pour fécher.

Cette couche de vernis étant feche, on remet les mêmes carreaux comme ci-devant fur les tréteaux pour leur donner une feconde couche précifément de la même maniere qu'on a appliqué la premiere. Lorfqu'on a mis cette feconde couche, on l'expofe encore au foleil pour la faire fécher. Il faut pour lors avoir attention d'examiner quelles font les peaux les moins colorées, pour leur donner une couche de vernis plus épaiffe qu'aux autres, ainfi qu'aux endroits

de

de certaines peaux qui font moins dorés, & qui font reftés presque blancs.

Malgré les foins qu'on a pris de battre également une peau, il se trouve souvent des endroits qui offrent de pareils défauts. Ils font plus communs aux peaux qui font graffes, & qui n'ont pas été bien préparées par les Tanneurs. La raifon en fera aifée à concevoir quand on fe rappellera qu'il entre de l'huile dans le vernis; qu'elle fe fépare des autres drogues qui fervent à le former; & qu'elle s'infinue alors plus aifément dans les peaux, furtout dans les endroits où la peau a été moins dégraiffée. Pour peu qu'elle trouve de paffage entre les différentes feuilles d'argent, elle pénetre l'intérieur de la peau, & les feuilles d'argent reftent pour lors prefque blanches ou très-peu colorées.

Cet inconvénient arriveroit moins fréquemment, fi, comme nous l'avons dit, les Maîtres fe donnoient la peine de faire cuire davantage leur vernis, & s'ils lui donnoient plus de confiftance qu'ils ne le font. Etant plus épais, il fécheroit plus vîte, & ne trouveroit pas autant de facilité à pénétrer dans la peau.

On conçoit à préfent pourquoi les cuirs qui fechent promptement, ont plus d'éclat, & font plus parfaits que d'autres à qui il faut plus de temps pour fécher. L'huile ne peut pas s'introduire dans la peau quand le vernis fe feche tout à coup.

C'eft ici le lieu de parler d'une espece de tenture en cuir doré, qui eft le fruit d'un autre travail que les Ouvriers nomment *Cavée*. Ce travail regarde les cuirs fur lefquels on doit voir, dans certains endroits, l'or produit par le vernis, & où dans d'autres l'argent doit refter apparent. Pour former ces efpeces de tentures, on fait paffer les peaux argentées fous la preffe (*), & l'on choifit, pour leur donner l'impreffion, des planches dont le deffein eft gravé peu profondément. On les imprime, comme nous le décrirons dans un moment, ou bien l'on fe contente de *calquer* ou *eftamper* deffus un deffein. On enduit le tout de vernis; mais auffi-tôt qu'il eft appliqué, que la peau eft emplâtrée, l'Ouvrier (*Pl. I, fig.* 13) regarde les endroits qui doivent refter en argent, & foulevant la partie où l'argent doit paroître, il paffe fon couteau deffus pour enlever le plus qu'il peut du vernis. Il donne enfuite fon carreau à un autre Ouvrier (*fig.* 14) qui s'occupe encore à enlever avec un linge dans ces mêmes endroits, ce qui pourroit être refté de vernis. Il en demeure cependant toujours affez pour donner une couleur jaune à l'argent qui le ternit un peu; mais ce vernis qui lui refte, fert beaucoup à le conferver, & ne lui fait aucun tort pour le coup d'œil.

Pour les tentures ordinaires, l'or ou la couleur dont nous parlons, bien préparée & étendue fur les feuilles d'argent avec les précautions que nous

---

(*) Il faut fe rappeller que les différents deffeins que l'on voit fur les cuirs dorés & argentés, y ont été appliqués par une planche de bois gravée que l'on fait paffer avec le cuir fous une preffe. Nous en décrirons le procédé dans la fuite, en parlant de l'impreffion des carreaux.

venons de détailler, suffit & paroît d'une grande beauté, pourvû que les drogues ayent été choisies avec soin, & qu'il soit appliqué sur un argent bien bruni. Car plus l'argent est bruni, & plus le vernis a un éclat approchant de l'or; c'est ce qui nous a fait dire qu'il seroit à souhaiter que les Ouvriers employassent des feuilles d'argent plus épaisses que celles dont ils se servent communément: leurs ouvrages en seroient beaucoup plus beaux. Les cuirs de Venise passent pour mériter la préférence sur les nôtres par la beauté de leur or.

Ce n'est pas sur l'argent seul, qu'on peut employer ce vernis: on pourroit se servir encore de feuilles d'étain bien battues: dans la nouveauté ces tapisseries font un assez bel effet. On a voulu substituer, il y a quelques années, ces feuilles à celles d'argent: ces tentures de cuirs ainsi recouverts d'étain sont moins belles; elles durent moins, & sont plus difficiles à travailler (¹).

Les Ouvriers tromperoient encore en couvrant leurs peaux avec du cuivre battu en feuilles; & il y auroit pour eux plus de profit.

On a fait à Paris des tapisseries avec du cuivre battu; elles étoient au moins aussi belles que les autres. L'or ou le vernis prend beaucoup d'éclat sur ces feuilles, lorsqu'elles ont été bien brunies; la couleur du cuivre approchant plus de celle de l'or, il n'est pas nécessaire d'y mettre une aussi grande quantité de vernis que sur l'argent. Il est fâcheux que cette beauté ne soit pas d'une longue durée. Ces tapisseries noircissent très-vîte, ou se chargent de verd-de-gris, & verdissent en très peu de temps dans les endroits humides, de sorte qu'au bout de deux ou trois années, souvent plutôt, elles sont entièrement passées. L'appât du gain engageoit autrefois les Ouvriers à se servir de ces feuilles, sur-tout dans les carreaux ou bandes qui sont destinées à border les tapisseries, soit par en haut, soit par en bas. Aujourd'hui les Ouvriers ne s'en servent plus, ou ils ne sont pas de si bonne foi; ils ne l'avouent plus (²).

On m'a dit que quelques Ouvriers avoient cherché un alliage avec le cuivre, qui fût moins sujet à se charger de verd-de-gris, pour en couvrir leurs cuirs. On sait que le similor (³) & le tombac verdissent moins promptement: mais je ne crois pas que ces métaux puissent se réduire en feuilles minces aussi aisément que le cuivre non allié.

Il y a quelques Provinces où l'on fabrique des cuirs garnis de feuilles de cuivre; mais leur usage n'est point destiné à former des tentures. Ces peaux servent à faire des couvertures de meubles, des housses ou ornements

---

(¹) Les feuilles d'étain coûtent cinq à six liv. le millier.

(²) Les feuilles de cuivre que l'on nomme d'or faux ou or d'Allemagne, valent 2 liv. 10 sols ou 2 livres 5 sols le millier. L'étain & le cuivre battus s'achetent chez les Batteurs d'or & chez les Marchands de couleur. Ils les tirent d'Allemagne. La main d'œuvre à Paris deviendroit trop chere pour engager ces Ouvriers à y réduire en feuilles ces métaux.

(³) On ne connoît qu'un Batteur d'or à Paris qui réduise en feuilles le similor: il en fabrique de pâle & de rouge qu'il vend 10 liv. le millier.

d'attelage de mulets : on les vend comme faites avec le cuivre, & on les donne à meilleur compte.

Comme c'est l'humidité qui altere la couleur du cuivre, ne pourroit-on pas l'en défendre en partie en couchant quelque vernis particulier sur la peau en dessous ? Le vernis à couleur d'or les défend déja d'un côté. On sait que les feuilles de cuivre étant toujours exposées à l'humidité du côté qui touche le cuir, elle les pénetre, & arrive facilement aux feuilles de cuivre. Le vernis léger que nous proposons de mettre sur l'envers des peaux, peut-être remédieroit à cet inconvénient ; & ce moyen ne seroit pas cher, si, pour vernis, on n'employoit qu'une colle semblable à celle qu'on étend sur les cuirs qui demeurent argentés.

Quoique l'usage du cuivre ne soit pas bon, nous devons pourtant dire que lorsqu'on s'en sert, au lieu d'argent, pour couvrir les peaux, elles doivent être seches avant d'appliquer la colle qui doit retenir les feuilles, sans quoi le cuivre deviendroit bientôt noir.

Pour continuer à expliquer les procédés de cet Art, nous allons dire maintenant comment on donne aux peaux toutes les figures de relief qui paroissent sur les cuirs dorés, ou, ce qui revient au même, comment on imprime les carreaux. On ne fait ce dernier travail, que quand la couleur d'or est un peu seche ; il faut qu'en la touchant, elle ne prenne plus aux doigts : elle est ordinairement en cet état le lendemain qu'elle a été posée ; mais en hiver, cela va souvent à plusieurs jours. Nous avons déja dit qu'on mettoit les cuirs sous une presse, en appliquant le carreau sur une planche déja gravée ; mais nous allons décrire la presse & les moyens de s'en servir.

§. V. *De la Presse & des Planches à imprimer les Carreaux.*

La presse dont se servent les Ouvriers en cuirs dorés, est la même qu'emploient plusieurs autres Ouvriers, & particuliérement ceux qui impriment en taille-douce (¹) ; & nous renverrions aujourd'hui, pour en prendre une connoissance parfaite, à la description de cet Art, si cette presse n'étoit pas gravée sur la Planche II que nous a remis l'Académie, & dont nous avons voulu profiter. C'est ce qui nous engage à dire deux mots de sa construction, avant d'en faire connoître l'usage.

Un chassis de bois (*Pl. II*) fait la base ou le pied de la presse. Il a environ quatre pieds & demi de longueur, & trois pieds & demi de largeur. Les quatre pieces *a, b, c, d*, qui le composent, ont quatre à cinq pouces d'équarrissage. Elles posent à plat sur le terrein. Deux montants ou jumelles *g h*, sont emmortaisés dans chacune des longues pieces du chassis. La hauteur de ces montants est d'environ six pieds : ils ont cinq pouces

(¹) Voyez la maniere de graver à l'eau-forte par Abraham Bosse.

d'équarrissage. Les deux montants qui sont assemblés dans la même piece, ne sont éloignés l'un de l'autre que de sept à huit pouces. Les extrémités supérieures de ces quatre montants sont terminées par des tenons qui entrent dans les mortaises d'une piece de bois qui fait le dessus de la presse *i k*.

Cette presse a deux traverses courtes & fortes *u*, *t*, assemblées dans les deux montants qui sont d'un même côté. Au dessous de la seconde traverse *t*, on en voit une autre *m* qui porte entre les deux jumelles d'un côté, & contre les deux autres jumelles de l'autre côté de la presse. Cette traverse est posée suivant la largeur de la presse, & est destinée à presser sur le rouleau supérieur que nous allons décrire. Elle serre ce rouleau par le moyen d'une vis qui passe dans un écrou *r* placé entre les traverses *t* & *u* : la vis appuie suivant qu'on la tourne plus ou moins sur la traverse mobile *m*. Aujourd'hui l'on a supprimé tout cet attirail ; & nous verrons dans un moment ce qu'on y a substitué.

Un rouleau de bois *n* est placé horisontalement sur la traverse *m*, qui est la plus basse, & entre par ses deux extrémités dans une autre traverse qui réunit en cet endroit les deux jumelles *g h*, *h g* : au-dessous du plancher *p p*, il y a encore un autre rouleau *o*. C'est pour porter ces rouleaux, qu'est construite toute la charpente que nous avons décrite. Ils ont environ six pouces de diametre. Le second rouleau *o* dont nous parlons, est donc posé sous le précédent. Il lui est égal en longueur ; mais il est ordinairement plus gros. Ces deux rouleaux ne se touchent pas : ils sont séparés l'un de l'autre par une espece de dessus de table, ou un assemblage de planches assez minces *pp* (*Pl. II*).

Cette table ou ce plancher est aussi large, mais plus long que le chassis qui sert de base ou de pied à la presse. Il pose immédiatement sur le rouleau inférieur *o*. Quand la presse n'agit point, pour le soutenir, on se sert d'un bâton, dont un des bouts est fiché en terre, & l'autre soutient ce plancher. C'est une espece de pied que l'on retire quand on veut.

Cette planche ou ce plancher est donc porté par le rouleau inférieur. Sur ce plancher, on pose une petite piece de bois *Y* (*Pl. I*) longue & large environ de 7 à 8 pouces. Son épaisseur est de 3 à 4 pouces ; ils la nomment *Galoche*. Cette derniere piece se met à l'extrémité du plancher, & est destinée à l'arrêter quand il a passé presqu'entiérement sur les rouleaux, afin qu'il n'en sorte pas tout-à-fait, & qu'on n'ait pas autant de peine qu'on en a eu la premiere fois à arranger la machine. Il est nécessaire que le premier rouleau presse le rouleau inférieur : ce qui peut s'exécuter de trois manieres différentes.

Anciennement on se servoit de coins que l'on faisoit entrer entre les deux

traverses

traverses *t*, *m*, (*Pl. II*). Depuis on a employé une vis *q* que l'on faisoit porter plus ou moins sur la traverse mobile *m*. On avoit disposé au milieu du sommier un écrou *r* taillé dans son épaisseur. La vis qui traversoit cet écrou, venoit rencontrer le milieu de la traverse *m*, & l'obligeoit ainsi à monter ou à descendre, & à appuyer plus ou moins sur le rouleau supérieur. C'est ainsi qu'étoient construites, vers le commencement de ce siecle, les presses dont se servoient les Ouvriers en cuirs dorés. Un coup d'œil sur la Planche II que nous a remis l'Académie, & dont nous avons fait usage, aidera à faire concevoir ce que nous décrivons ici. Nous avons suppléé aux changemens que la presse a éprouvés depuis ce temps par quelques détails que nous avons ajoutés au bas de la Planche I.

Aujourd'hui au lieu de coins ou de cette vis, on se sert de feuilles de carton qui, mises en plus ou moins de quantité, pressent sur les rouleaux, & les obligent de serrer davantage ce qui doit passer entr'eux. Voici comment cette presse est devenue moins composée.

Au lieu des deux jumelles dont nous avons parlé, placées de chaque côté de la presse; dans les nouvelles, il n'y en a qu'une de chaque côté 1 (*Pl. I*) de la presse. Chaque jumelle est formée par une planche épaisse arrêtée par des tenons chevillés dans le bâti ou pied de la presse.

Chacune de ces planches est ouverte un demi-pied au-dessous de l'endroit où porte & doit être arrêté le rouleau inférieur, & un demi-pied au-dessus du rouleau supérieur. Cet espace doit contenir des feuilles de carton 2, un coussinet 3, & le premier rouleau dont les tenons portent sous le coussinet dont nous parlons, qui appuie dessus. Il doit rester assez d'espace pour placer le plancher, & ce qui doit passer entre les rouleaux. Ensuite on pose les tenons du rouleau inférieur, d'autres feuilles de carton que l'on place encore en dessous, & le second coussinet 4 du rouleau inférieur.

Les feuilles de carton rendent la pression plus douce, plus *moëlleuse* en terme d'Ouvrier, & les presses sont beaucoup plus aisées à conduire depuis ce changement.

Pour faciliter l'entrée du plancher & de la planche sous le rouleau, l'on ajoute encore une galoche figurée en coins *z Pl. I*).

Imaginons donc le rouleau supérieur contre l'inférieur, & que le plancher de la presse avance beaucoup plus d'un côté que de l'autre. Voici comment on fait usage de la presse. On prend une planche de bois 1, 1 (*Pl. II*) de la grandeur des carreaux que l'on veut imprimer & graver avec le dessein qu'il a plu au Maître d'y représenter. On la place sur le plancher de la presse, de façon qu'un de ses bords touche la piece de bois figurée en coin que nous avons nommée *galoche*. La surface gravée de la Planche est en dessus. On étend sur la planche, une couverture de laine pliée en 3 ou 4 doubles;

Cuirs. G

& on la fait paſſer encore entre le rouleau ſupérieur & la galoche Y (*Pl. I*) qui eſt poſée ſous le rouleau. Ce n'eſt qu'après que l'on a ainſi accommodé la couverture la premiere fois qu'on arrange la preſſe, que l'on fait deſcendre le rouleau ſupérieur, ſoit avec des coins, ſoit avec une vis, ſoit, comme actuellement on le fait plus communément, avec les feuilles de carton dont nous venons de parler.

Tout étant ainſi diſpoſé, on releve la couverture ſur le rouleau ſupérieur, afin de pouvoir découvrir tout le deſſus de la planche gravée. On prend pour lors une peau dorée (nous parlerons après des argentées). On la mouille légèrement ſur ſon envers avec une éponge. On recommence cette opération une ſeconde fois quand la premiere ne l'a pas aſſez attendrie. Il eſt queſtion ici, en humectant la peau, de la rendre flexible. On ne mouille point l'autre ſurface, parce qu'on a attention de n'imprimer la peau que quand le vernis eſt ſec, & lorſqu'il ne colle plus.

Lorſqu'on a étendu la peau, & appuyé le côté doré ſur la planche gravée, on rejette ſur elle la couverture de laine que l'on avoit repliée ſur le rouleau. Quatre hommes ſaiſiſſent pour lors les extrémités des leviers de deux moulinets S, S, S, S, (*Pl. II*) qui ſont aux deux extrémités du rouleau ſupérieur. Deux hommes montent ſur l'un & ſur l'autre levier de ces deux moulinets pour agir avec toute la peſanteur de leur corps, tandis que deux autres hommes placés encore ſur chacun des deux moulinets, & de l'autre côté, en relevent les bras pour agir de concert tous les quatre, & faire tourner le rouleau. Comme le tout eſt extrêmement preſſé ſous le rouleau, en tournant il fait avancer la couverture; la couverture entraîne la galoche, & avec la galoche ſuit néceſſairement le plancher qui porte la planche gravée, & par conſéquent le cuir qui a été appliqué deſſus; ce qui s'exécute d'autant plus aiſément, que le rouleau inférieur étant mobile, a la liberté de tourner auſſi ſur lui-même. Lorſque la planche gravée paroît preſqu'entièrement paſſée, on gliſſe avec la main la ſeconde galoche quarrée Y (que l'on a toujours à portée,) afin qu'elle arrête le plancher, & qu'on n'ait pas encore la peine de l'arranger, comme nous l'avons dit ci-deſſus.

La planche étant ſortie d'entre les rouleaux, on releve la couverture, & l'on voit le carreau qui commence à être imprimé: il ne l'eſt pourtant encore que fort imparfaitement; il n'a pas encore été aſſez preſſé ſur les endroits creux de la planche pour s'y être enfoncé autant qu'il eſt néceſſaire. Pour rendre l'impreſſion plus parfaite, il faut encore prendre du ſable ſec & fin, & l'étendre de l'épaiſſeur d'environ un doigt ſur toute la ſurface de la peau. On a l'attention d'en mettre un peu davantage aux endroits qui doivent devenir les plus creux. Plus on en mettra, & mieux la peau ſera imprimée; mais auſſi les Ouvriers auront plus de peine à la faire paſſer entre les rouleaux. Les Maîtres doivent ſe trouver à l'impreſſion des cuirs, dans la crainte que les Ouvriers, pour s'épargner de la peine, ne mettent pas tout le fable néceffaire.

On recouvre comme auparavant le carreau avec la couverture; & en tournant, comme nous l'avons décrit, les leviers des moulinets, on l'oblige à grande force de paffer fous les rouleaux.

Pour l'ordinaire, la peau eft alors affez bien imprimée, fi on a mis la quantité de fable qui convient, ce qu'on reconnoît en frappant fur les endroits profonds par le fon que rend le coup: s'ils raifonnent creux, c'eft une preuve que la peau, fuivant leur expreffion, n'a pas encore été *imprimée à fond*. On remet pour lors de nouveau fable, & en plus grande quantité; & on fait paffer le carreau une troifieme fois fous la preffe, comme on l'a fait les deux premieres.

On ne doit pas cependant négliger de les faire paffer plutôt trois fois que deux: les carreaux en feroient mieux gravés; les reliefs en deviendroient plus apparents; & tous les ornements taillés au fond des creux de la gravure qui contribuent à la beauté du deffein, fe trouveroient pour lors fur les peaux.

Il ne refte plus qu'à continuer d'imprimer toutes les peaux de la même maniere, en les mouillant, comme nous l'avons décrit, à l'envers avec une éponge, & en les faifant paffer fous la preffe, comme nous venons de le voir.

L'Ouvrier doit bien examiner, avant de retirer fon carreau de deffus la planche gravée, s'il a bien pris tous les traits fins du deffein; car une fois retiré de deffus la planche, s'il s'apperçoit que fon carreau n'a pas été affez imprimé, il lui feroit impoffible de le remettre fous la preffe dans la même pofition où il étoit auparavant, & la peau refteroit mal imprimée ou perdue.

Pour répandre ce fable fur le cuir, il faut employer beaucoup de temps. Un feul Ouvrier peut fe charger de cet ouvrage; & pour lors les trois autres occupés à la preffe, reftent oififs; & le gain de prefque tous les Artiftes confiftant fouvent à ménager la main-d'œuvre, & à épargner le temps, il fe trouve ici bien diminué.

Autrefois l'on conduifoit ce travail en bien moins de temps. Au lieu de répandre du fable fur les carreaux la feconde fois qu'on les met en preffe, on avoit des efpeces de *contre-moules* ou des *contr'eftampes* fur lefquelles on voyoit en creux les reliefs qu'offroit le deffein de la planche gravée. On plaçoit cette contr'eftampe en deffus du cuir: elle le contraignoit à s'appliquer immédiatement fur la planche, & réuffiffoit mieux que le fable qu'on applique ordinairement deffus. On fe fervoit, pour former les contr'eftampes d'une efpece de maftic compofé de colle & de papier prefque réduit en bouillie. On appliquoit de cette pâte fur la planche gravée, & on lui faifoit prendre en creux la forme du deffein qui y étoit repréfenté ; mais il falloit avoir autant de contr'eftampes que de planches gravées. D'ailleurs les contr'eftampes ne duroient pas long-temps ; elles fe rompoient, & il falloit toujours recommencer.

On m'a cependant affuré qu'à Avignon, où l'on fabrique beaucoup de cuirs dorés, on fe fervoit, pour les imprimer, de contr'eftampes ou contremoules ainfi formés, qui ne laiffoient pas de durer, & qu'on n'y emploie point, comme à Paris, le fable : peut-être ne fe fait-on pas une affaire, comme ici, de former de nouveaux contre-moules, quand il s'en trouve de caffés.

Un Artifte induftrieux & attaché à perfectionner fon ouvrage, fentant l'utilité de ces contre-moules, avoit cherché un maftic nouveau qui pût mieux réuffir. Il en avoit formé de maftic, de cire, de poix réfine, &c, qui ont tous eu les mêmes défauts que les premiers. Jamais le maftic, de telle matiere qu'il l'eût compofé, n'a pu réfifter à la deuxieme ou à la troifieme preffe fans fe caffer. Aujourd'hui que le débit de ces tentures n'eft pas confidérable, on a abandonné les contre-moules qui auroient pû devenir d'autant meilleurs, qu'avec leur fecours les Ouvriers ne pouvoient pas faire l'Ouvrage à demi ; & à Paris, on s'en tient, comme nous l'avons dit, au fable qui exige un long temps & beaucoup d'attention, fi l'on veut faire un ouvrage parfait.

Si ces efpeces de tentures reprenoient de la vogue, il ne feroit cependant pas, je crois, impoffible de trouver un meilleur maftic que celui qu'on a tenté pour en former des contr'eftampes, ou de travailler en bois un fecond moule qui offriroit en creux le même deffein qui feroit en relief fur la planche gravée ; mais l'on ne s'avifera d'exécuter ce que nous propofons ici, que quand on aura un débit prompt & affuré de ces fortes de tapifferies. Ce fecond moule feroit couteux par la difficulté qui fe rencontre toujours de rendre en creux un deffein conforme à un autre en relief, quand on voudroit graver cette contr'eftampe, & la former en bois. Mais ne pourroit-on pas les faire de fonte ou de métal coulé ?

Ce feroit encore ici le lieu de parler de la conftruction des planches gravées ; les Peintres qui travaillent les cuirs dorés, conftruifant ordinairement eux-mêmes leurs planches, & les gravant fur différents deffeins qu'ils ont imaginés. Mais ceci demanderoit des détails qui tiennent plutôt à l'Art du Graveur en bois, & qui mériteroient une defcription particuliere. Nous dirons feulement qu'il s'agit, pour graver ces planches, d'enlever certaines parties du bois pour former des reliefs au deffein. Les creux du bois font deftinés à recevoir le cuir qui, retourné, deviendra en relief ; & on exprime ainfi fur ce cuir du côté où il doit être vifible, le même deffein que l'on voit gravé en creux fur la planche de bois. Les parties de la planche auxquelles on ne touche point, forment les fonds.

Nous

Nous devons cependant dire que la perfection des cuirs dorés dépend en grande partie de l'attention & des soins qu'on apporte à graver la planche, & du choix du dessein. Les Anglois, à en juger par les différents cuirs sortis de leurs Manufactures, que nous avons examinés, excellent dans cette partie.

Nous verrons que les cuirs, soit dorés, soit argentés, dont nous avons donné la fabrique, sont couverts souvent en grande partie par des couleurs différentes. Il conviendroit que les parties de ces cuirs destinées à être colorées, fussent très-saillantes, & par conséquent que les fonds qui resteroient en or ou en argent, fussent peu éminents, quoique travaillés. Au contraire les cuirs destinés à rester simplement en or & en argent qu'on appelle *cavés*, & sur lesquels on n'ajoute aucune couleur, ne doivent pas être imprimés profondément; il ne faut pas que le dessein de la planche soit rendu en bosse fort apparente; aussi ces especes de planches sont-elles les plus difficiles à former, parce qu'elles exigent sur toute l'étendue de la planche, un travail plus fini & plus délicat. Les Anglois, par la gravure de leurs planches, imitent les galons en or & en argent. Ils y ajoutent des desseins en écailles qui offrent des nuances différentes; nous pouvons dire que la perfection de leurs planches fait en général le principal mérite de leurs cuirs, & avouer qu'il s'en faut de beaucoup que nous ne l'atteignions.

Pour graver ces planches 1, 1 (*Pl. II*), on choisit des parties de poirier ou de cormier, sur lesquelles il ne se rencontre, autant que faire se peut, ni défauts, ni nœuds. On a encore l'attention de n'employer le bois que quand il a fait son effet, afin qu'il ne se fende pas. On assemble ces différentes parties de bois à *queue d'aronde*. On les rabotte, on les unit, & on les réduit toutes à un pouce ou un pouce & demi d'épaisseur.

Ensuite le Peintre trace ou calque son dessein sur la planche de bois; & il ne s'agit plus pour lors que d'enlever dans certaines parties du bois les endroits qui doivent former les reliefs sur le cuir. Il se sert pour cela de différents outils, comme cizeaux, petites gouges, becs d'âne, burins, canifs, &c, en proportionnant la force & la grandeur de ses outils à l'épaisseur du bois qu'il veut enlever.

Comme dans ces endroits où l'on veut faire paroître davantage le dessein sur le cuir, on est obligé de faire à la planche des excavations plus profondes, & que pour lors ces creux ont quelquefois jusqu'à 4 à 5 lignes, il est à appréhender que la *vive-arrête* qui les termine, & qui forme le bord de ces excavations, ne coupe le cuir: conséquemment l'Ouvrier doit faire ensorte qu'elle ne se termine pas par des angles trop aigus; & l'Art consiste à adoucir ces creux, de façon que l'on n'ôte rien à la netteté & à la précision du dessein.

Un Maître bien fourni doit avoir une grande quantité de ces planches avec différents desseins pour contenter les goûts. Il les met pour les conserver dans un lieu humide, afin que la sécheresse ne les fasse point fendre. Malgré cette attention, souvent une planche rompt, & pour lors il faut la rejoindre le plus promptement & avec le plus de soin qu'il est possible.

La presse est un des outils qui coûte le plus aux Maîtres *Peintres en cuir doré*, quoiqu'elle ne paroisse pas très-composée. Le bâti, les montants, jumelles & rouleaux qui entrent dans sa construction, sont assez difficiles à former. Les rouleaux se fendent & se cassent très-souvent. Ils sont ordinairement faits de poirier ou de cormier, & tournés. Quand il arrive qu'un rouleau se fend, pour continuer à s'en servir, on l'entortille d'une corde. Il n'en devient que meilleur. Il frotte même avec plus de force sur la couverture & sur la planche qu'il doit entraîner. On établit, autant qu'il est possible, la presse dans un lieu souterrein: les bois y sont moins sujets à se fendre, & la presse graissée s'y conduit mieux.

Un des grands avantages des peaux de veau sur celles de mouton, c'est qu'elles conservent beaucoup mieux les figures de relief qu'elles ont reçu sur la gravure de la planche, la peau étant plus épaisse & plus forte. C'est aussi la seule raison qui pouvoit faire donner la préférence aux tapisseries de Hollande & de Flandre; car on les y fait la plûpart de veau. Mais il auroit été aisé d'engager nos Ouvriers à composer celles de France des mêmes peaux.

Jusqu'ici nous n'avons parlé que de la maniere dont on imprime les cuirs dorés, parce que dans l'essentiel, les cuirs argentés s'impriment de la même façon; mais ces derniers demandent quelques attentions particulieres, & quelques préparations que nous avons promis d'indiquer.

§. VI. *Des Cuirs argentés.*

Les peaux ayant été garnies de feuilles d'argent, comme nous l'avons détaillé, & bien brunies, au lieu de les couvrir de la couleur d'or dont on se sert pour les cuirs destinés à former des tapisseries de cuirs dorés, on enduit simplement les feuilles d'argent d'une colle de parchemin. C'est la même colle dont nous avons déja parlé. L'Ouvrier la fait fondre, & trempe dedans une éponge qu'il passe légérement sur la peau. Elle tient ici lieu d'un pinceau. On mouille légérement l'envers de la peau argentée, & on la fait passer sous la presse, comme nous l'avons indiqué pour les cuirs dorés.

Au lieu de mettre cet enduit de colle avant de faire passer les peaux argentées sous la presse, on pourroit réserver cette opération à exécuter, quand les cuirs seroient imprimés; & pour lors il seroit facile de lui substituer un vrai vernis qui réussiroit certainement très-bien, si on avoit eu l'attention de le choisir beau. Un vernis de la Chine ou de Martin donneroit beaucoup d'éclat à ces tapisseries; mais aussi seroit-il plus cher que la colle, qui ne réussit pas mal. Elle empêche l'argent de se noircir, & prévient en partie l'humidité & la poussiere qui s'y attacheroient. Le vernis donneroit toujours une couleur à l'argent, mais qui ne le gâteroit pas.

Plusieurs Maîtres, au lieu de la colle de parchemin dont nous parlons, & ne voulant pas employer un vernis qui augmenteroit trop le prix de leurs tapisseries, passent sur les cuirs dorés & sur les cuirs argentés, quand ils ont été imprimés, une couche peu épaisse de belle colle de poisson ou d'un blanc-d'œuf. Le brillant dure plus long-temps quand on a employé de bonne colle de poisson.

Les tapisseries de cuir argenté sont moins d'usage que celles de cuir doré. Cependant on voit que les dernieres exigent plus d'apprêts. On a donné la préférence aux tapisseries de cuir doré, parce que (égalité de soins dans leur Fabrique) celles de cuirs dorés sont de plus de durée que les cuirs argentés. Ces dernieres tentures noircissent à l'odeur, ou quelquefois rougissent, & souvent se passent plus promptement.

Il y a des tapisseries, ou plus fréquemment des bordures de tapisseries que l'on n'imprime point sur la planche de bois. Au lieu des ornements en relief que les autres reçoivent avec la presse, on donne aussi à celles-ci des ornements en relief en les ciselant. Le travail en est beaucoup plus long, mais n'en est pas plus difficile. Des Ouvriers se servent de divers poinçons ou ciselets qu'ils appellent simplement *Fers*, 5, 6, 7, 5, 6, 7, (*Pl. I*). Ce sont comme tous les ciselets, des morceaux de fer. Ceux-ci ont 7 à 8 pouces de long, & sont de grosseur arbitraire. Sur une de leurs extrémités sont gravées diverses figures telles qu'il a plu au Maître de les faire représenter. Ce sont des fleurs, rosettes ou autres ornements 8, 9, 10, 11. La maniere de se servir de ces outils, ne demande des Ouvriers ni un grand art, ni une grande application. Il ne faut que poser l'extrémité gravée du fer sur la peau, & donner un coup de maillet 12, sur son autre extrémité, pour graver la figure qui est au bout du fer. On répete cette manœuvre en différentes parties du cuir, en se servant du même fer ou de différents pour former des desseins variés. On emploie encore les fers pour ajouter quelque dessein à une partie du fond qui sans cela paroîtroit trop nud; mais l'on seroit trop de temps à ciseler ainsi de grands pieces de tapisseries. Ceci ne doit pas nous retenir plus long-temps, d'autant que l'on ne cisele gueres que certaines tentures qui doivent rester en argent, & que leur usage est peu commun aujourd'hui.

Enfin, les cuirs, soit dorés, soit argentés, ayant été ciselés ou gravés, il ne reste plus qu'à les peindre. Avant d'appliquer la peinture, on passe un linge sec & blanc sur chaque peau pour enlever la crasse ou la graisse qui pourroient y être demeurées; après quoi on met d'abord la couleur qui doit être la *dominante*, ou celle qui fait le fond de la tapisserie; c'est-à-dire, qu'on peint de cette couleur tous les endroits qui sont restés creux après l'impression. Tantôt ces fonds sont blancs, tantôt bruns, d'autres fois verds, ou bleus. Enfin on les diversifie, autant qu'on peut, pour satisfaire les différents goûts. Le fond étant peint, il reste encore à mettre bien des couleurs différentes. On colore de verd les endroits où l'on veut faire paroître des feuilles; de rouge, de bleu, ceux où l'on veut faire voir des fleurs ou des fruits; en un mot on applique des couleurs différentes dans les endroits où l'on croit qu'elles feront un bon effet. La maniere de les placer dépend & du goût & de l'adresse des Ouvriers; mais l'on ne s'étudie pas souvent à en former de beaux tableaux ou des mignatures.

J'ai cependant vu des tentures de cuirs dorés où l'on avoit ménagé des cartouches qui étoient peints avec la plus grande correction & la plus grande beauté. Généralement les grands desseins réussissent mieux en tentures: les petits papillotent, & n'offrent rien d'agréable. Mais comme dans ces especes de tapisseries on tend souvent plutôt à l'effet par la vivacité des couleurs que par la vérité du dessein & sa composition, les Maîtres, pour l'ordinaire, n'emploient pas à cet ouvrage des Peintres fort habiles; & ce travail se réduit presque toujours à une espece d'*enluminure*.

Les différentes couleurs dont on orne, comme nous le voyons, les cuirs dorés ou argentés, cachent plus de la moitié de l'argent qu'on a collé sur les peaux, & cet argent paroît devenir tout-à-fait inutile, puisqu'il est caché dans les creux ou les reliefs, suivant que le Peintre colore les uns ou les autres. Cependant c'est une matiere qui semble au premier coup d'œil mériter d'être ménagée. C'est aussi ce qui peut faire penser qu'il est déja venu dans l'idée de ceux qui travaillent ces sortes de tapisseries, de n'employer que la quantité de feuilles qu'il seroit absolument nécessaire, & d'épargner celle qui pourroit être recouverte par la couleur.

Le premier moyen, & celui qui paroît le plus aisé à exécuter, pour ne point mettre de feuilles d'argent aux endroits qui seront couverts par la couleur, seroit de frotter de craie ou de quelque liqueur colorée tout ce qui se trouve en relief sur la planche, & d'étendre sur cette planche, la peau qu'on veut imprimer dans la suite en appliquant sur la peau avec force la surface de la planche qu'on a colorée. Elle y marqueroit légérement les endroits sur lesquels on ne doit pas appliquer de feuilles.

Cette nouvelle opération demanderoit du temps. J'ai de la peine cependant à croire que les Ouvriers n'en gagnassent point à l'exécuter. Ils auroient bien moins de place sur la peau à remplir & à garnir de feuilles d'argent; par conséquent moins de temps employé pour l'*Ouvrier-Argenteur*. Mais ce que j'imagine aisément, c'est qu'en ménageant la partie d'argent qui sera recouverte de couleur, les tapisseries ainsi travaillées, ne seront plus ni si belles, ni d'aussi longue durée.

Il

Il est certain que la feuille d'argent bien brunie, releve l'éclat & la vivacité des couleurs que l'on applique dessus. Il n'est pas douteux en outre que ces tapisseries, dont une partie seroit recouverte de feuilles d'argent, & l'autre simplement enduite d'une couleur, ne seroient pas d'aussi longue durée que celles qui seroient entiérement couvertes de feuilles de métal qui donnent du soutien à la tapisserie, & conservent le cuir. Ce sont sans doute ces avantages & le peu de temps qu'on épargneroit, qui ont empêché les Ouvriers de saisir un petit gain que leur offroit une moindre consommation de feuilles d'argent.

Lorsque les carreaux sont peints, & que les couleurs sont seches, la derniere façon qu'il leur faut donner, est, comme nous l'avons dit, de les coudre les uns avec les autres avec de bon fil ; ce qui mérite peu d'être expliqué ici en détail.

Avant de les coudre ensemble, ou souvent avant de les peindre, on retranche tout autour de la peau ce qui déborde le contour marqué par la planche qui a servi à les imprimer, & qui est aisé à appercevoir. On coupe le surplus du cuir avec un ciseau 3 (*Pl. II*) ; ce que l'on retranche n'est pas perdu ; on le vend aux Faiseurs de soufflets ou à d'autres Ouvriers qui en ornent leurs ouvrages.

Lorsqu'on regarde une tenture de cuir doré, on reconnoît aisément tous les carreaux qui ont servi à la former. Les Ouvriers qui les cousent, ne pourroient-ils pas prendre plus de précautions pour joindre ces différentes peaux ? Il est certain qu'il seroit aisé de les coudre plus proprement, & d'abbattre cette couture de façon qu'elle fût moins apparente ? Mais ne seroit-il pas possible encore de trouver quelqu'autre expédient qui pût équivaloir à cette couture, & réunir ensemble tous les carreaux ? Ne pourroit-on pas, par exemple, en coller plusieurs ensemble ? Ce sont des perfections que l'on pourroit tenter de donner encore aux tapisseries dont nous décrivons ici la fabrique.

Avant de terminer ce qui concerne cet Art, il nous reste à dire quelque chose, sur la préparation des principales couleurs dont se servent les Peintres. Elles sont broyées à l'huile, & souvent on les détrempe avec l'huile ou l'essence de térébenthine, pour les rendre plus liquides, avant de les mettre dans les petits godets N, N, N, dans le dessein de s'en servir. Les Ouvriers prétendent que l'essence de térébenthine les rend plus brillantes, mais qu'alors elles sont moins durables que délayées simplement à l'huile. Les premieres sechent plus promptement ; mais elles conservent de l'odeur plus de temps, & sont sujettes à s'écailler.

Pour que l'huile seche plus promptement, on a eu la précaution de la faire cuire avec ce qu'on appelle des *dessicatifs*. On emploie ordinairement la terre d'*ombre* & le *minium*. On met ce dessicatif dans un petit sac, qu'on suspend dans le vase où cuit l'huile, afin d'épargner la peine de la passer lorsqu'elle sera cuite. On la retire ensuite, & on se sert de cette huile pour broyer les couleurs dont nous allons dire un mot.

En parlant de la composition du vernis, nous avons déja cité un premier moyen dont se servent les Ouvriers pour rendre leur huile plus prompte à sécher; ce qu'ils appellent *dégraisser l'huile*.

Pour peindre les tapisseries qui restent en argent, quelquefois on forme une autre couleur qui n'est composée que d'huile mêlée avec un peu de blanc de céruse; ce qui lui donne une couleur de gris-de-perle. On nomme pour cela cette espece de vernis, *Vernis au blanc*. On se sert de ce même vernis pour délayer les autres couleurs dont on peint ces cuirs.

Nous ne ferons pas ici l'énumération de toutes les couleurs qu'employent les Ouvriers en cuirs dorés: elle seroit totalement inutile. Le Peintre doit former ici une espece de tableau, & il emploie les mêmes couleurs dont se servent ordinairement ces Artistes.

Pour le verd, on broie du verd-de-gris avec de l'huile cuite. Si c'est pour colorer l'argent, on se sert pour délayer la couleur, de vernis au blanc.

Pour le rouge, on emploie de la laque. Souvent les Peintres se servent, pour peindre les cuirs dorés, de craie teinte avec des tontes d'écarlate; on la broie avec l'huile cuite; & pour les cuirs argentés, on se sert toujours de vernis au blanc, & on emploie de la même maniere toutes les autres couleurs.

Lorsqu'il se trouve des défauts sur les tapisseries de cuir argenté, parce qu'une partie d'une feuille s'est enlevée, on répare ces défauts, en mettant dans ces endroits avec un pinceau de *l'argent en coquille*. Si ces défauts se rencontrent sur une tapisserie de cuir doré, on y met de même de l'argent en coquille qu'on laisse sécher; & l'on passe par-dessus une couche de vernis d'or que l'on a mêlé auparavant avec un peu de gomme-gutte & de l'essence de térébenthine.

Dans une des chambres où l'on travaille, ou dans une autre qui sert de magasin C (*Pl. I*), on expose le long des murs les échantillons des différents desseins que possede le Maître-Ouvrier, afin que le Particulier puisse choisir suivant son goût, & commander la tenture avec les desseins & les couleurs qui conviennent à ses autres emmeublements ou à sa fantaisie.

Nous devons dire que l'usage des cuirs dorés & argentés, n'est pas borné aux tentures. On les emploie encore pour en former des écrans, des paravents, tapis, canapés, fauteuils, devant-d'autels, banieres, guidons de confrairies, &c. On est ordinairement plus difficile sur le choix & la beauté de ces cuirs quand ils sont destinés à ces derniers emplois.

Je crois n'avoir rien omis d'intéressant sur la Fabrique des cuirs dorés

LES CUIRS DORE'S.

ou argentés. Nous avons dit que ces tentures se conservent mieux dans des appartemens un peu humides, que dans ceux qui sont trop secs, & qui seroient exposés à un soleil vif, parce qu'elles s'y écaillent moins. Quand ces tapisseries au bout de quelque temps se sont noircies, & ont été gâtées par la poussiere, le moyen le plus simple pour les en débarrasser, est de faire passer dessus, sans les détendre, une éponge mouillée qui enleve tout ce qui les ternissoit, & qui donne au cuir une certaine mollesse nécessaire pour sa conservation.

Il est encore possible de redonner un air neuf aux vieilles tentures, en leur mettant de nouvelles couleurs. Souvent il suffit, pour réparer l'éclat qu'elles ont perdu, de les enduire de colle, ou de passer dessus une couche d'essence de térébenthine : ou, si l'on craint l'odeur de cette huile, on peut se servir de gomme-arabique fondue dans l'eau qui produit le même œil brillant; ou enfin employer le blanc-d'œuf, comme nous l'avons déja indiqué. Mais ces derniers moyens seroient inutiles pour raccommoder une tapisserie dont la peinture se seroit enlevée par écailles. Il faudroit peindre celle-là de nouveau. Cet accident arrive plus souvent aux tapisseries qui sont exposées à une grande chaleur & au soleil. On le préviendroit, si ceux à qui elles appartiennent, vouloient prendre le soin de les faire laver de temps à autre, avec une éponge trempée dans l'eau ou l'huile; l'huile ou l'eau simple leur donne une mollesse qui contribue beaucoup, comme nous l'avons dit, à leur conservation.

Pendant l'impression de cet art, j'ai appris qu'à Avignon on se sert de contre-moules pour imprimer les cuirs: ils sont formés avec un carton épais sur lequel est disposé en relief & en creux le dessein représenté sur la planche gravée 1, 1 (*Pl. II*). Voyez ce que nous avons dit des contre-moules, page 28.

Pour former ce dessein sur le carton, on étend dessus une pâte composée de rognures de peau de gand, que l'on a amolli, en les laissant tremper quelque temps dans l'eau. On en met une épaisseur suffisante sur la feuille de carton, pour que tous les reliefs s'y trouvent formés. On applique dessus cette pâte une feuille de papier qui s'y colle d'elle-même; & on fait passer le carton ainsi préparé & disposé, sur la planche gravée, entre les rouleaux de la presse. Le carton en sort avec la contr'estampe du dessein représenté sur la planche gravée: la pâte en se séchant se retire, & laisse un espace pour le cuir, que l'on mettra par la suite entre le moule & le contre-moule, quand on voudra l'imprimer.

EXPLICATION DES FIGURES.
PLANCHE I, *Vignette I.*

La figure premiere repréfente un Ouvrier qui amollit les peaux : il les retourne & les remue dans un baquet ou cuve remplie d'eau, où il les laiffe tremper pendant quelque temps.

Fig. 2. Ouvrier qui corroye les peaux : il les frappe fur une pierre en tenant la peau fucceffivement par chacun de fes côtés.

A, Tas de peaux qui ont été battues, & que l'on approche de l'Ouvrier (*fig.* 3).

Fig. 3. Ouvrier occupé à détirer les peaux & à les étendre, pour leur donner le plus de furface qu'il eft poffible.

Fig. 4. La peau ayant été détirée, on la taille en fe réglant fur un chaffis de la grandeur de la planche qui doit fervir à l'imprimer.

Fig. 5. Ouvrier occupé à étendre les peaux qui ont été encollées, & garnies de feuilles d'argent. On étend ces peaux fur des cordes pour les faire fécher.

VIGNETTE II.

La feconde Vignette repréfente l'attelier du *dorage*.

Fig. 10. Ouvrier qui vernit : il recouvre les feuilles d'argent de vernis appellé *or* par les Ouvriers. Ce vernis leur donne une couleur qui imite affez parfaitement celle de l'or.

Fig. 11. Ouvrier qui étend le vernis que celui de la figure 10 a appliqué fur le cuir, en traçant avec fa main plufieurs lignes courbes à quelques diftances les unes des autres.

Fig. 12. Ouvrier qui frappe à petits coups fur le vernis, pour qu'il s'imbibe mieux avec les feuilles d'argent.

Fig. 13. Quand on veut faire des tapifferies, moitié dorées, moitié argentées, lorfque la piece argentée a été imprimée peu profondément, on l'enduit totalement enfuite de vernis : après quoi on enleve ce vernis dans les parties qui doivent refter en argent. L'Ouvrier *Fig.* 13, eft occupé à cette opération, pour laquelle il fe fert d'un petit couteau.

Fig. 14. Ouvrier qui nettoie avec un linge les endroits d'où il a enlevé le vernis, afin que l'argent paroiffe fans altération.

B, Planches fur lefquelles font cloués les cuirs verniffés, & que l'on expofe au foleil, afin qu'ils fechent plus promptement.

Bas de la Planche.

Figure 1. Comme on a perfectionné la preffe à imprimer les cuirs, on a
fubftitué

LES CUIRS DORÉS. 37

substitué à la place des deux jumelles qui forment les côtés de la presse que l'on voit dans la Vignette de la Planche II, le montant qui est ici représenté.

Fig. 2, 3, 4. Dans l'ouverture que l'on apperçoit dans la partie moyenne du montant 1, on met les deux coussinets 3, 4, & on y ajoute plusieurs feuilles de carton 2 pour rendre la pression plus moëlleuse. Voyez l'explication que nous avons donnée de cette presse, & des changements qu'elle a éprouvés.

Fig. Y, Z. Deux especes de galoches nécessaires pour le service de la presse.

Fig. 5, 6, 7, 7, 6, 5. Ciselets ou fers de différentes figures, servant à imprimer des desseins sur les parties des cuirs qu'on juge ne pas être assez garnies.

Fig. 12. Mailloche pour frapper sur les fers que l'on emploie pour imprimer le dessein qui est gravé sur la partie la plus large des ciselets.

Fig. 8, 9, 10, 11, font voir la partie la plus large des fers ou ciselets. Cette partie est ici représentée en grand pour donner une idée des desseins qui y sont gravés.

PLANCHE II, Vignette.

Fig. 6. Ouvrier occupé à escarner les peaux à l'endroit où il doit placer une piece.

Fig. 7. Ouvrier-Argenteur qui place les feuilles d'argent sur un cuir encollé. On voit à sa droite le livre qui renferme les feuilles d'argent placé sur le pupitre qu'on nomme l'*Agiau*. Le même Ouvrier tient de sa main gauche une palette de carton dont il se sert pour transporter les feuilles d'argent, & les poser sur le cuir.

Fig. 8. Ouvrier occupé à brunir le cuir argenté; il tient avec ses deux mains le brunissoir que l'on nomme *Brunis*.

Fig. 9. Ouvrier occupé à peindre quelques parties de ces cuirs, soit feuilles, fruits, oiseaux, &c.

Fig. 15. Presse servant à imprimer les cuirs: on l'a représentée telle qu'elle étoit construite autrefois: les changements que l'on y a faits depuis, sont indiqués dans le discours, & l'on en peut voir le détail dans les figures gravées au bas de la Planche I.

Bas de la Planche II.

A, Couteau à escarner les pieces que l'on applique aux cuirs.

B, Pierre sur laquelle on escarne les cuirs.

C, Couteau à escarner les peaux aux endroits où l'on doit placer des pieces, lorsqu'elles se trouvent percées ou défectueuses.

ART DE TRAVAILLER

D, Livre ou livret rempli de feuilles d'argent.

E, Pince de bois dont on se sert pour saisir les feuilles d'argent, & pour les faire appliquer & prendre sur la colle dont les cuirs sont enduits, en passant par dessus l'extrémité *E* de cette pince, à laquelle est attachée une houppe de poil.

F, Palette de carton sur laquelle l'Ouvrier-Argenteur pose chaque feuille d'argent, qu'il fait couler ensuite de dessus cette palette, lorsqu'il veut l'appliquer sur les cuirs.

G, Queue de renard ou de fouine, servant à étouper les cuirs après qu'ils ont été argentés, & à enlever les parties des feuilles d'argent qui, lorsqu'elles se recouvrent, ne peuvent être arrêtées par la colle.

H, La même queue roulée en forme de tampon.

I K, Brunissoirs que les Ouvriers nomment *Brunis*.

K K, Piece de bois vue en dessus & en dessous: elle sert de monture au caillou *I* qui est arrondi & poli, & que l'on emploie pour brunir les cuirs argentés.

L, Agiau ou pupitre sur lequel l'Ouvrier-Argenteur pose le livre qui renferme les feuilles d'argent.

M, Croix. Instrument servant à porter les cuirs & à les étendre sur les cordes pour les y faire sécher.

N, N, Godets qui contiennent différentes couleurs.

O, Pinceau pour étendre & placer les couleurs.

P, Molette pour broyer les couleurs.

Q, Pincelier ou boîte aux pinceaux.

R, Pierre à broyer les couleurs: on se sert aussi d'une pareille pierre pour brunir les cuirs argentés avant de les dorer.

S, Pot à la colle.

T T, Vases où l'on tient l'essence de térébenthine.

V, Pot au vernis ou à l'or.

X, Couteau servant à détirer & à étendre les peaux pour leur donner le plus de superficie qu'il est possible.

Y, Compas.

Z Z &, Ressort semblable à celui dont on se sert pour polir les glaces, pour lisser les cartes à jouer, & que nous croyons plus avantageux à employer que le brunissoir *I K*.

1, 1, Planche de bois gravée, qui sert à imprimer les desseins sur les cuirs.

2, 2, Chassis de la grandeur de la planche gravée 1, 1. Il sert à couper les cuirs de grandeur, avant de les argenter.

3, Ciseaux pour couper les cuirs.

EXPLICATION

Des Termes propres à l'Art de travailler les Cuirs dorés ou argentés.

A

AGIAU. Espece de pupitre sur lequel l'Ouvrier-Argenteur place le livre qui contient les feuilles d'argent.

ALOES. C'est le suc épaissi d'une plante portant le même nom, qui croît en Egypte. On le distingue en deux especes, *Aloès hépatique* & *Aloès cabalin*. Le premier est le plus net; il a la couleur du foie : c'est celui-là que l'on emploie pour donner la couleur d'or au vernis des cuirs : on doit choisir le plus brun, comme le meilleur. L'aloès cabalin est ainsi appelé, parce que les Maréchaux en font usage dans leurs remedes : il est mêlé d'impuretés.

AMBRE. Les Peintres en cuirs dorés nomment ainsi le *Succin* ou *Karabé*. C'est un bitume dissoluble dans l'huile, & qui ne peut que bien faire dans la composition de leur vernis ou or.

ARCANSON ou *Colophone*. Résine formée du résidu de la distillation de la térébenthine, on l'emploie dans la composition du vernis ou or.

ARGENT BATTU. Lames d'argent qui ont été réduites en feuilles très-minces par les Batteurs d'or.

ARGENT FAUX. Etain réduit en feuilles aussi minces que celles d'argent : les Batteurs d'or ont plus de peine à réduire l'étain en feuilles minces que l'argent.

ARGENT EN COQUILLE. Cet argent est formé avec des rognures de feuilles d'argent, ou avec des feuilles d'argent réduites en poudre fine, & broyées sur un marbre. On met une petite quantité de cette poudre dans le fond d'une coquille, où on la fixe avec du miel; lorsqu'on veut l'employer, on la délaie avec un peu d'eau gommée. Les Ouvriers n'emploient cet argent sur les cuirs que pour garnir certaines parties où l'argent en feuilles n'auroit pas pris.

ASSIETTE. On appelle ainsi la couleur en détrempe que les Doreurs sur bois emploient avant d'appliquer ou asseoir l'or : cette assiette est composée ordinairement de bol d'Arménie, de sanguine, de mine de plomb, & d'un peu de suif. Quelques-uns y mettent du savon & de l'huile d'olive; d'autres du bistre, de l'antimoine, du beurre, &c. On broie ces drogues ensemble; on les détrempe ensuite dans de la colle chaude de parchemin pour appliquer cette espece de couleur, 1°, sur une couche de blanc : 2°, sur une autre de jaune, qu'il faut mettre sur les bois avant de les dorer : on pose jusqu'à trois couches de cette assiette, & on se sert d'une brosse douce pour coucher cette assiette : quand elle est seche, on se sert d'une autre brosse plus rude pour frotter l'ouvrage, & enlever les petits grains qui formeroient des aspérités, & pour faciliter par-là le brunis que l'on doit donner à l'or. Nous n'entrerons pas dans un plus grand détail sur la composition de l'assiette qui appartient à l'Art du Doreur sur bois. Si on jugeoit à propos d'ajouter une assiette pour faire valoir les reliefs des cuirs dorés, il seroit nécessaire d'en trouver une toute différente; car elles ne pourroient se ressembler que par l'objet auquel on la destineroit, & qui doit être le même dans l'une & l'autre opération de ces deux Arts.

ASSEOIR l'or : terme qui signifie *poser l'or* sur une premiere matiere qui lui sert de soutien, & qui contribue à lui donner de l'éclat.

ATTELIER du dorage. C'est une cour ou jardin que les Peintres destinent pour cette opération, & où ils établissent les tables sur lesquelles doivent être étendus les cuirs argentés qu'ils veulent dorer.

AUTOUR. Ecorce qui entre dans la composition du carmin : elle nous vient du Levant.

B

BASANE. Peau de mouton à laquelle les Tanneurs donnent une préparation particuliere, & que l'on emploie à faire des tapisseries de cuirs dorés.

BATTRE les peaux. Action de les frapper sur une pierre pour les amollir, les adoucir & en quelque façon les corroyer.

BISTRE. Suie de cheminée recuite, pulvérisée & passée au tamis : on en fait de petits pains que l'on délaie avec de l'eau gommée, lorsqu'on veut s'en servir en peinture.

BOL D'ARMÉNIE. Espece de terre ou bol qui vient d'Arménie. Sa couleur tire sur le rouge pâle : il est desiccatif; qualité propre à tous les bols.

BRUNIR : c'est donner à l'or, à l'argent, &c. une couleur, un poli plus brillant que ces métaux ne l'ont naturellement.

BRUNIS ou *Brunissoir*. Instrument dont se servent les Ouvriers pour brunir les feuilles d'argent appliquées sur les cuirs.

Brunis s'entend aussi de cette couleur brillante que prend l'or ou l'argent lorsqu'ils ont été parfaitement polis.

BRUNISSOIR. Voyez *Brunis*.

C

CALQUER. Action d'appliquer un deffein que l'on veut copier avec exactitude. On enduit l'envers du deffein que l'on veut copier avec une pouffiere colorante, & l'on paffe fur chacun des traits du deffein une pointe arrondie qui les transporte fur la toile ou la planche ou le cuir auquel il eft appliqué. Quand on veut conferver le deffein original, on place deffous une feuille mobile chargée de pouffiere colorante ou de crayon.

CARMIN. Couleur qui donne un beau rouge: les préparations de cette couleur & les matieres qui entrent dans fa compofition, la rendent d'un prix confidérable: c'eft la fécule d'un mélange de cochenille, de chouan & d'autour. On y ajoute fouvent de rocou. Il faut que le carmin foit bien pulvérifé.

CARNE: c'eft l'angle formé par la rencontre de deux furfaces: les bords d'un cube forment ceux qu'on appelle une Carne.

CARREAU. Les Ouvriers donnent ce nom à un cuir coupé de la grandeur de la planche de bois gravée qui doit fervir à y imprimer un deffein.

CAVER: c'eft imprimer un cuir ou certaines parties d'un cuir avec des cifelets ou fers.

CHAMOIS. Efpece de chevre fauvage des Pyrénées & des Alpes, dont on paffe la peau pour en faire divers ouvrages d'ufage. On a donné le nom de l'animal même à une préparation particuliere que l'on donne à fa peau. On emploie maintenant beaucoup de peaux de chevres communes pour les paffer en chamoi.

CHAUSSE. Piece d'étamine redoublée & taillée en cône, qui fert à paffer & à filtrer certaines matieres qui l'exigent.

CHOUAN. Petit grain du Levant d'un verd jaunâtre, qui entre dans la compofition du carmin.

CHRYSALIDE. Seconde métamorphofe de la chenille: la chryfalide devient enfuite papillon.

CISELETS. Fers qui portent fur une de leurs extrémités, différentes figures gravées fervant à imprimer aux cuirs certains ornemens pour remplir les vuides lorfqu'il s'en trouve.

COCHENILLE. Infecte, ou plutôt Galleinfecte des Indes Occidentales, qui s'attache à certains arbres dont il tire fa nourriture: on le ramaffe avec foin, & on l'envoye en Europe où on le fait entrer dans le carmin.

COLLE. Colle de poiffon: cette colle qui eft très-forte fe fait avec les parties de certains poiffons: elle vient de Hollande. Cette colle eft plus claire, plus nette que toute autre colle forte.

COLOPHONE ou Colophane. Voy. Arcanfon.

CONTR'ESTAMPE. Voyez Contre-moule.

CONTRE-MOULE, ou Contr'eftampe. On appelle ainfi un fecond moule gravé en creux fur les mêmes deffeins gravés en relief fur la premiere planche de bois qui fert à imprimer les carreaux ou cuirs. Les Ouvriers de Paris n'en font plus ufage, à caufe de la difficulté qu'ils éprouvoient de faire rencontrer jufte ces deux planches.

CORPS. Donner du corps à une couleur; c'eft ajouter certaines fubftances qui fervent à lui donner de la confiftance, à la rendre plus épaiffe, fans altérer cette couleur.

CORROYER. C'eft attendrir, adoucir les cuirs, & les rendre plus fouples & plus maniables.

COUCHER L'OR. Voyez Affeoir l'or.

COUPERET. Efpece de couteau en ufage dans les cuifines pour hacher les viandes.

COUTEAU A ESCARNER, c'eft-à-dire, à diminuer de l'épaiffeur de la peau aux endroits où l'on veut mettre des pieces.

COUTEAU AUX PIECES. Il fert à diminuer de l'épaiffeur des pieces que l'on applique au défaut des peaux.

CROIX. Uftenfile dont on fe fert pour pofer les peaux fur des cordes où elles doivent fécher.

CUIVRE ou Or faux. Feuilles de cuivre très-minces, travaillées par les Batteurs d'or.

D

DÉGRAISSER l'huile. Par cette opération, on enleve à l'huile les parties trop graffes ou étrangeres qui l'empêchent de fécher promptement.

DESSICATIF. Les Peintres nomment ainfi toutes matieres qui fe mêlent avec leurs couleurs pour produire une prompte deffication: toute matiere qui peut attirer & imbiber les liqueurs, peut être employée à cet ufage.

DÉTIRER les peaux: c'eft alonger leur furface, les étendre.

DOMINANT. Couleur dominante eft celle qui eft employée principalement dans un tableau qui donne le ton aux autres couleurs.

DORER. Pour dorer les cuirs, on les recouvre de feuilles d'argent bruni, fur lefquelles on paffe un vernis qui leur donne une couleur très-approchante de celle de l'or.

E

EMPLATRER. Terme qui exprime la maniere d'étendre le vernis fur les peaux pour leur faire prendre la couleur de l'or.

ENCOLLAGE. Action d'étendre la colle fur les peaux avant de les argenter.

ENCOLLER: c'eft paffer une ou deux couches de colle de parchemin fur les peaux, avant d'y appliquer les feuilles d'argent.

ENLUMINURE. Efpece de peinture qui confifte à placer des couleurs fur différentes parties d'un deffein déja fait, & dont les traits doivent toujours refter apparens.

ESCARNER: c'eft ôter une partie de l'épaiffeur

LES CUIRS DORÉS.

feur d'une peau aux endroits où l'on veut placer une piece que l'on escarne pareillement, afin qu'il ne reste point d'épaisseur apparente dans les endroits réparés.

ESTAMPER : c'est transporter un dessein, en le piquant, & passant par-dessus une poudre qui indique la position de ses différents traits.

ETAIN BATTU, ou *argent faux*. C'est de l'étain réduit en feuilles très-minces par les Batteurs d'or, & que les Doreurs emploient comme les feuilles d'argent.

ETENDRE UNE PEAU : c'est l'assujettir dans toute son étendue, & l'attacher sur des planches, afin d'empêcher qu'elle se retire en séchant, ou, comme disent les Ouvriers, qu'elle se *racornisse*.

ETOUPER : c'est ôter avec la queue de fouine, les bords des feuilles d'argent qui ne sont pas retenus par l'encollage : l'Ouvrier appuie en même temps sur toute l'étendue des feuilles, pour les faire prendre sur la colle.

F

FER A DÉTIRER. Espece de couperet qui ne sert aux Ouvriers en cuirs dorés, qu'à étendre leurs peaux, & les détirer pour leur donner plus de surface.

FERS. Voyez *Ciselets*.

FLEUR. Les Tanneurs & les Ouvriers en cuirs dorés appellent *Fleur*, le côté du cuir où étoit attaché le poil. Comme le grain de la peau est plus fin sur cette surface, c'est celle-là qu'on laisse apparente.

G

GALOCHES. Espece de coins qui sont partie de la presse à imprimer les cuirs.

GODETS. Petits vases dans lesquels on met les couleurs dont on se sert pour peindre les cuirs.

GOMME. Substance végétale qui se dissout dans l'eau, c'est le caractere propre aux gommes.

GOMME-GUTTE. Suc épaissi qui découle d'une plante commune dans la Cochinchine, & qui se fond dans l'eau.

GOMME-LAQUE. Gomme ou espece de résine que certaines fourmis déposent ; elle vient des Indes.

GRUMEAUX. Parties étrangeres ou qui ne se sont pas fondues dans une liqueur destinée à être répandue uniment sur une surface.

H

HUILE DE LIN. Cette huile se tire par expression de la graine de lin.

HUILE ou *Essence de térébenthine*. C'est l'huile essentielle que l'on obtient par la distillation de la térébenthine-résine.

I

IMPRIMER à fond : c'est faire passer le cuir assez de fois sous une planche gravée, pour qu'il en ait saisi les plus petits détails.

L

LACQUE. Voyez *Gomme-laque*.

LAQUE-DES-PEINTRES. Cette laque est ordinairement composée d'os pulvérisés & de craie colorée, avec de la cochenille ou avec une lessive faite de tontures d'écarlate que l'on jette par dessus des substances absorbantes.

LITHARGE. Espece de chaux de plomb produite par la calcination ; elle tire sur le rouge : on l'emploie dans les teintures ou dans les couleurs, comme dessicative : c'est un poison très-violent.

M

MINE-DE-PLOMB. Pierre minérale qui contient du plomb ; c'est avec cette pierre qu'on fait les crayons dont se servent les Dessinateurs.

MINIUM. Chaux de plomb qui devient par la calcination d'un très-beau rouge ; elle ne prend cette couleur qu'en y employant certaines précautions & à un très-grand feu.

MOELLEUX. On dit qu'une peau est moelleuse quand elle est douce, & qu'elle se manie bien. On dit encore dans un sens différent, que la presse est moëlleuse, quand elle n'agit point par ressaut, & qu'elle presse par-tout également.

N

NOYER. Lorsque l'Ouvrier chargé de l'encollage, a mis assez de colle sur un cuir, pour qu'elle déborde les feuilles d'argent qu'on y a appliquées, & qu'elle recouvre ces feuilles, on dit qu'*elles s'y noyent*.

O

OR. On appelle ainsi le vernis dont on se sert pour donner aux feuilles d'argent appliquées sur les cuirs, une couleur approchante de celle de l'or.

OR BATTU : c'est de l'or réduit en feuilles très-minces par les Batteurs d'or.

OR FAUX. Cuivre réduit en feuilles par les Batteurs d'or. Voyez *Cuivre*.

P

PALETTE. Piece de carton dont l'Ouvrier-Argenteur se sert pour transporter les feuilles d'argent sur les cuirs, à l'endroit où il veut les placer.

PAPILLOTER. On dit qu'un dessein papillote, quand il n'offre que de petites parties sans goût.

PINCELLIER. Boîte aux Pinceaux.

PEINTRES *en cuirs dorés*. On nomme ainsi les Peintres qui ne s'adonnent qu'à cette Fabrique.

PLANCHE *à graver*, *à imprimer*: c'est une planche en bois gravée & destinée à donner aux cuirs des reliefs, & à former sur leur surface différents desseins.

PLANCHER. Piece de la presse à imprimer. Voyez *l'explication des Figures*.

PLOMB-ROUGE. Voyez *Minium*.

PRESSE *à imprimer*. Presse dont on se sert pour imprimer sur les cuirs les desseins gravés sur des planches de bois.

Q

QUEUE D'ARONDE: c'est un assemblage de menuiserie.

R

RACORNIR. Lorsque la peau se retire sur elle-même, qu'elle s'épaissit en se séchant, on dit qu'elle est *racornie*.

RAMOLLIR. On ramollit les peaux en les mouillant, pour les rendre plus douces & plus maniables.

RÉSINE. Substance végétale qui s'enflamme aisément; elle est dissoluble dans l'esprit-de-vin & dans les huiles.

RÉSINE EN LAME. C'est la résine qui coule naturellement de l'arbre ou de la plante qui la produit; elle est pure & sans aucun mélange.

ROCOU. Graine d'un arbre qui porte le même nom. Elle nous vient des Isles Antilles; on l'emploie en Peinture, parce qu'elle fournit un beau rouge.

S

SANDARAQUE. Résine provenant d'une espece de Génévrier.

SANDRAGON. Gomme qui découle de différents arbres qui croissent aux Isles Canaries.

SUCCIN. Voyez *Ambre*.

T

TANNEURS. Ouvriers qui passent les cuirs & qui leur donnent différentes préparations.

TAN. Ecorce du chêne qui, après avoir été réduite en poudre, est employée pour tanner les cuirs.

TERRE D'OMBRE. Espece de bol qui vient d'Egypte. Ce bol, lorsqu'on le fait brûler, prend une couleur rougeâtre; il contient beaucoup de parties sulfureuses.

TONTISSES. Ce sont les tontes de draps ou d'autres étoffes auxquelles on donne telle couleur que l'on veut. On les applique sur des toiles où elles sont retenues avec une espece de colle dans certaines parties qui forment des desseins. On en forme des tapisseries qui portent le nom de *Tontisses*.

V

VERNIS OU OR. Couleur dont se servent les Ouvriers pour donner aux feuilles d'argent celle qui approche de l'or: c'est un vrai vernis.

VERNIS AU BLANC. Ce vernis est composé d'huile, dans laquelle on fait délayer du blanc de céruse. Les Ouvriers l'emploient pour donner de l'éclat aux feuilles d'argent, & il n'en affoiblit pas la blancheur.

VIVE-ARRETE. Angle aigu formé par deux surfaces; chaque superficie d'un cube est terminée par autant de vives-arrêtes qu'il a de côtés.

FIN DE L'ART DES CUIRS DORÉS.

De l'Imprimerie de H. L. GUERIN & L. F. DELATOUR, 1762.

www.ingramcontent.com/pod-product-compliance
Lightning Source LLC
LaVergne TN
LVHW020051090426
835510LV00040B/1657